Grill mich!
Gesund – Bunt – Vegetarisch!
Die besten Grillrezepte für Gemüse, Burger & Co.

Kristina Sieber

Impressum

Deutschsprachige Erstausgabe

Copyright © 2021 Kristina Sieber

Alle Rechte vorbehalten.
Nachdruck, auch auszugsweise, nicht gestattet.
Das Werk, einschließlich seiner Teile, ist urheberrechtlich geschützt.
Jede Verwertung ist ohne Zustimmung des Verlages und des Autors unzulässig.
Dis gilt insbesondere für die elektronische oder sonstige Vervielfältigung, Übersetzung,
Verbreitung und öffentliche Zugänglichmachung.
Eric Ziemer, Parkstraße 46k, 18119 Rostock
Covergestaltung: Wolkenart – Marie-Katharina Becker,
www.wolkenart.com

1. Auflage

INHALT

Einleitung 9
   Welcher Grill soll es sein? 10
   Was bedeutet eigentlich direktes und indirektes Grillen? 12
   Welches Grillmaterial ist am besten? 14
   Welches Grill-Zubehör ist wichtig? 16
   Und wie sieht es mit der Nachhaltigkeit aus? 19
      Holzkohle, Gas oder Elektro – welcher Grill ist ökologischer? 19
      Vorzugsweise saisonale und regionale Produkte grillen 20
      Wichtig zu wissen 20
      Wertschätzung statt Verschwendung 22
      Es geht auch ohne Alu-Schale 22

10 vollwertige Alternativen für Fleisch und Fisch 25
   1. Tofu 25
   2. Seitan 28
   3. Tempeh 29
   4. Lupinen 31
   5. Linsen 33
   6. Kichererbsen 34
   7. Grünkern 36
   8. Jackfruit 37
   9. Pilze 39
   10. Algen 41

10 Grill Hacks 44

Checkliste für Ihre Grillparty 48

Rezepte 51

Schnell & einfach 51

1. Gegrillter Spargel fruchtig kombiniert..... 52
2. Tofu-Physalis-Spieße 53
3. Zucchini-Sandwich mit Gruyère 55
4. Gegrillter Brokkoli 57
5. Grill-Avocado mit Tomaten-Mix......... 58
6. Rosmarin-Kartoffeln mit Feigen-Oliven-Füllung 59
7. Gefüllte Champignons im Mexican Style .. 60
8. Grill-Paprika mit Quinoa-Kern 61
9. Der Klassiker: Gegrillte Maiskolben 62
10. Grill-Auberginen mit Granatapfel und Mozzarella 63
11. Gefüllte Grill-Tomaten 64
12. Bunte Seitan-Gemüse-Spieße 66
13. Krosse Crostini.................... 67
14. Gegrillter Sommersalat............... 68
15. Italian Veggie-Mix 69
16. Kürbis-Gurken-Spieße 70
17. Pikante Grill-Taler aus Süßkartoffeln 71
18. Köstlicher Fenchel vom Grill 72
19. Brokkoli vom Rost 73
20. Knusprige Pizza vom Grill 74
21. Pikante Kartoffelsteaks............... 76
22. Tofu im Sesammantel................. 77
23. Mediterranes Gemüse vom Grill 78
24. Gemüseallerlei am Spieß 79
25. Gefüllte und gerollte Auberginen 80
26. Sommer-Gemüse aus dem Grill-Wok 81
27. Kartoffel-Spalten mit Sour Cream........ 82
28. Zwiebeln mit delikater Füllung 84
29. Grill-Avocados mit Salsa 86
30. Herzhafter Chicorée – gegrillt und gratiniert 88
31. Warmer Kartoffelsalat mit Pesto 90
32. Fruity Tempeh-Spieße 92
33. Süße Aprikosenspieße auf Weißbrot 93
34. Gegrillte Lauchstangen 94

Raffiniert & einzigartig! 95

1. Überbackene Auberginen-Taler 96
2. Knödel-Feta-Spieße................. 97
3. Gegrillte Quesadilla..................98
4. Veggie-Frikadellen für Genießer 100
5. Crunch Sandwiches vom Grill 101
6. Gefächerte Zucchini mit Radieschen-Salsa 102
7. Gemischter Salat mit gegrilltem Butternut-Kürbis 103
8. Schneller Spargel-Flammkuchen 105
9. Low Carb Pizza aus Auberginen 106
10. Grillgenuss aus Pastinaken 108
11. Grill-Sandwich mit Käse-Apfel-Füllung...110
12. Kartoffelschalen mit Paprikafüllung......111
13. Pancakes mal anders................113
14. Grillgemüsepfanne 114
15. Gegrillte Veggie-Päckchen............ 116
16. Pikante Waffeln aus Kartoffeln 118

17. Super einfach, super lecker: Chips
aus Grünkohl........................ 120
18. Delikater Grill-Kohlrabi 121
19. Pak Choi aus der Grillschale 122
20. Fruchtige Jackfruit-Gnocchi-Spieße 124
21. Süßkartoffel Bowl mit viel Gemüse..... 126
22. Gegrilltes Wurzel- und Knollengemüse.. 128
23. Gemüse-Ananas-Spieße............. 130
24. Feta-Kohlrabi-Päckchen 131
25. Fein-würzige Bruschetta 132
26. Kartoffeln au citron................ 133
27. Gegrillte Grünkern-Kebabs 134
28. Yufka-Päckchen mit Mangold......... 136
29. Pilzspieße mit Apfelsauce 138
30. Vegetarischer Bacon 139
31. Blumenkohlsteaks vom Grill 140
32. Würziger Tofu vom Spieß 141
33. Gemüse-Grillmix mit Brie und Mohn ... 142
34. Feurige Zucchini-Spiralen 144

Aus aller Welt........................145

1. Thai Curry aus dem Grillwok 146
2. Belgische Grill-Pommes.............. 148
3. Italienische Gemüseplatte............ 149
4. Mexikanische Tacos vom Grill 150
5. Koreanische Bratkartoffeln 152
6. Orientalische Veggie-Spieße.......... 153
7. China-Gemüse süß-sauer 155
8. Elsässischer Flammkuchen 157
9. Vegetarische Grill-Tapas 159
10. Schwedische Parmesan-Kartoffeln 160
11. Italienische Polenta mit gegrillten
Kirschtomaten..................... 161
12. Türkische Zucchini-Puffer 162
13. Foccacia mit Kürbiskernen........... 164
14. Gegrillte Austernpilze im Rucolabett ... 165
15. Pide-Taschen vom Rost 166
16. Asiatische Reisbällchen vom Grill 168
17. Mexikanische Memelas vom Grill 169
18. Aus Frankreich: Grillierte
Artischockenherzen 170
19. Mac and Cheese aus der Grillpfanne 171

Grillkäse zum Dahinschmelzen.........173

1. Halloumi-Spieße mit Mango und Rucola   174
2. Grillierter Feta mit Tomaten 175
3. Gegrillter Camembert mit Pfirsichen..... 176
4. Pikante Spieße mit Mozzarella 177
5. Gefüllte Halloumi-Päckchen 178

Salate – von klassisch bis exotisch 179

1. Mediterraner Nudelsalat 180
2. Sommerlicher Kartoffelsalat 181
3. Mexican Salad mit Tortilla-Chips 182
4. Mild-würziger Kohlrabi-Linsen-Salat ... 184
5. Herzhaft-süßer Rotkohlsalat 185
6. Caprese mit Erdbeeren.............. 186

7. Mixed Salad mit Couscous, Spinat
und Himbeeren.................................. 187
8. Fruchtiger Mais-Salat mit Gouda........ 188
9. Italienischer Salat mit gegrillter Paprika . 190
10. Feiner Blumenkohl-Salat mit Gurke..... 191
11. Salatmix aus Möhren und Kichererbsen
mit Falafel-Talern.............................. 192
12. Kräutersalat mit Tomaten und Brokkoli . 194
13. Exotischer Reis-Ananas-Salat............ 195
14. Linsensalat mit Rote-Bete-Würfeln 196
15. Bulgur-Quinoa-Salat mit
Wakame Algen 197

Geniale Grillbrote...................... 199
1. Spinatbaguette mit Pesto 200
2. Grillbrot mit Knoblauch und Kräutern ... 201
3. Französische Fougasse 202
4. Italienisches Fladenbrot.................... 203
5. Zwiebel-Frischkäse-Brot 204

Grilldesserts – fruchtig & fein! 205
1. Fruchtig-süße Spieße mit Erdbeeren
& Marshmallows............................... 206
2. Tropical Naan-Brot mit Kokoscreme..... 207
3. Grill-Cakes mit Ananas und Banane 209
4. Gegrillte Muffins mit Beerenmix.......... 211
5. Grillierte Melone mit Nuss-Püree 212

Burger-Rezepte....................... 213
1. Mediterrane Grill-Burger 214
2. Herzhafte Burger mit Frucht-Topping.... 215
3. Super simpel Burger 217
4. Schlemmer Burger mit Möhren
und Zucchini 219
5. Gourmet-Burger mit Halloumi 220
6. Oriental Burger mit Falafel............... 222
7. Pikanter Burger aus Kichererbsen
und Bulgur..................................... 223

Saucen & Dips 225
1. Rote Bete Salsa 226
2. Fruchtig-würzige Blaubeer-Sauce........ 227
3. Pikante Ananas-Sauce...................... 228
4. Asia Knoblauchsauce 229
5. Erdnuss-Frischkäse-Dip.................... 230

Nachwort 231

EINLEITUNG

Sicher können Sie sich auch noch gut an die Zeiten erinnern, als Grillevents für Vegetarier eine eher eintönige und vor allem genussarme Angelegenheit waren. Meist kamen nur Salatbeilagen und Brot auf den Teller. Das machte weder zufrieden noch satt. Aber diese Zeiten sind zum Glück längst passé. Mittlerweile gibt es eine Vielzahl delikater Grill-Ideen für Vegetarier und Veganer. Auf den folgenden Seiten können Sie eine große Auswahl toller vegetarischer Grill-Rezepte für sich entdecken und nachfolgend ausprobieren. Von simpel über raffiniert bis exotisch erwarten Sie Gaumenfreuden, die bestimmt auch so manchen Fleischliebhaber überzeugen werden. Lassen Sie sich überraschen und vor allem inspirieren.

Inzwischen ernähren sich ca. 10 Prozent der Deutschen rein vegetarisch. Das sind etwa 8 Millionen Menschen, die weitestgehend auf pflanzenbasierte Kost zurückgreifen. Tendenz steigend! Die vegetarische Lebensweise ist nicht nur gut für die Gesundheit, sondern ebenso fürs Klima. Denn wer sich vegetarisch ernährt, sorgt automatisch für die Reduzierung extrem umweltschädlicher CO_2-Emissionen. Fast erübrigt es sich zu erwähnen, dass durch eine vorwiegend pflanzliche Ernährungsweise jede Menge Tierleid vermieden wird. Wenn man dies im Hinterkopf behält, sollte auch vegetarisches Grillen immer selbstverständlicher werden. Und das ist durchaus machbar, denn es gibt derweil eine riesengroße Auswahl an Fleischalternativen. Am geläufigsten dürfte Tofu sein, der bekanntermaßen aus Sojabohnen hergestellt wird und in keiner vegetarischen Küche fehlen darf. Seine Einsatzmöglichkeiten sind nahezu grenzenlos. Das gilt natürlich auch fürs Grillen. Neben Tofu gewinnen aber auch Seitan, Tempeh, Lupinen, Linsen oder Kichererbsen immer mehr an Bedeutung. Ein noch recht neues Ersatzprodukt ist Jackfruit. Daraus kann man ebenfalls unglaublich Schmackhaftes zaubern – insbesondere gegrillt.

Was nicht zu kurz kommen darf, ist der Aspekt der Nachhaltigkeit. Deshalb wurde bei vielen Rezepten in diesem Buch auch auf ökologisch unbedenkliche Zutaten geachtet. Sofern möglich wurden regionale und saisonale Produkte gewählt. Gerade im Sommer gibt es zahlreiche Gemüse- und Salatsorten, die man hervorragend für viele Grillgerichte verwenden kann. Tomaten, Paprika, Bohnen, Zucchini,

Auberginen, Champignons, Pfifferlinge, Rucola, Endiviensalat, Brokkoli, Erbsen ... - die Liste gesunder und leckerer Lebensmittel aus der Natur ist ellenlang.

Aber damit Sie überhaupt mit dem Grillen beginnen können, benötigen Sie zuerst noch das nötige Equipment. Falls Sie noch keinen geeigneten Grill erworben haben, finden Sie nachfolgend ein paar wertvolle Anregungen, die Ihnen die Kaufentscheidung leichter machen werden. Zum perfekten Grillerlebnis gehören außerdem die richtige Grillkohle oder entsprechende Grillbriketts sowie Grillanzünder. In puncto Zubehör sollten Sie u. a. an Grillrost, Grillbesteck, Handschuhe und Schürzen denken. Über all dies können Sie sich auf den nächsten Seiten näher informieren.

Der Fokus dieses Buches liegt jedoch auf den ausgewählten vegetarischen und teils veganen Rezepten. Mit diesen wird Ihr nächstes Grill-Happening auf jeden Fall ein genussreicher Erfolg. Ihre Gäste werden kulinarisch gar nicht mehr aus dem Staunen herauskommen. Versprochen!

WELCHER GRILL SOLL ES SEIN?

Kohle, Gas oder Elektro? Das ist die Frage. In Deutschland sind bislang Holzkohlegrills am beliebtesten. Doch auch Gasgrills werden immer populärer. An dritter Stelle stehen Elektrogrills. Diese sind bei echten Grill-Profis aber ziemlich tabu. Dennoch haben sich zwölf Prozent der Deutschen inzwischen für diese Grillart entschieden.

Holzkohlegrills ...

... begeistern vor allem durch das Grillerlebnis. Dieses vermittelt etwas Originäres, denn die meisten Menschen assoziieren Grillen mit heißer Glut, offenem Feuer, Qualm und Rauch. Diese Vorstellung wird beim Grillen auf einem Holzkohlegrill quasi auf die Zubereitung der Speisen übertragen. Das einzige echte Manko, das ein Holzkohlegrill hat, ist der Umstand, dass er fast 30 Minuten braucht, bis die Kohle heiß genug fürs eigentliche Grillen ist. Hinzu kommt, dass ab einer gewissen Gästezahl im Laufe eines Grill-Events öfter mal Kohle nachgelegt werden muss, denn schließlich wollen ja alle etwas Gegrilltes auf dem Teller haben. Das kann eine etwas schmutzige Angelegenheit sein, ist aber nicht wirklich ein Problem.

Gasgrills ...

... sind mittlerweile fast genauso beliebt wie Holzkohlegrills und kommen immer häufiger zum Einsatz. Klarer Vorteil des Gasgrills ist, dass er wesentlich weniger Schmutz verursacht und dennoch den Reiz des offenen Feuers verströmt. Verbrannte Kohle oder Asche, die später entsorgt werden müssen, gibt es bei dieser Variante nicht. Des Weiteren verfügt ein Gasgrill über Auffangschalen für Fett und Sud. Manche halten die Beschaffung und Lagerung der Gasflaschen für problematisch, aber es gibt sie inzwischen an jeder Tankstelle sowie im nächsten Bau- oder Getränkemarkt. Praktisch lagern kann man die Gasflaschen dann meistens im Unterschrank des Grills. Dies gilt zumindest für Flaschen bis acht Kilo. Größere müssen extern gelagert werden. Ebenso spielt der Preis eine gewichtige Rolle, denn ein hochwertiger Gasgrill ist wesentlich kostspieliger als ein Holzkohlegrill.

Elektrogrills ...

... sind sehr umstritten. Wahre Grillprofis sehen in ihnen eher ein Aufwärmgerät als einen echten Grill. Viele Grillfans haben dazu aber eine andere Meinung, nicht zuletzt deshalb, weil ein Elektrogrill auch auf dem Balkon zum Einsatz kommen darf. Dies hat einen triftigen Grund: Ein Elektrogrill verursacht nämlich keinerlei Rauchentwicklung. Und dies macht ihn zu einer guten, wenn auch nicht perfekten Alternative zu einem Holzkohle- oder Gasgrill. Ein weiterer Pluspunkt eines Elektrogrills ist, dass er keine Vorbereitungszeit benötigt und sehr unkompliziert in Sachen Reinigung und Pflege ist. Sobald der Stecker in der Steckdose ist, kann das Grillvergnügen beginnen. Ein Elektrogrill ist in puncto Flair zwar nicht mit einem Holzkohle- oder Gasgrill zu vergleichen, aber er erfüllt trotzdem seinen Zweck.

Einweggrills …

… sind keine gute Idee. Zwar sind sie extrem günstig und an jeder Ecke zu haben, aber ansonsten nicht zu empfehlen. Nicht nur, dass ein Einweggrill schlecht grillt, er ist auch noch extrem gesundheits- und umweltschädlich. Nach einmaliger Nutzung landet er im Müll. Nicht selten wird er auch gar nicht entsorgt, sondern einfach unachtsam liegengelassen. Das ist keineswegs nachhaltig. Zudem besteht er aus Aluminium, einem sehr umweltbelastenden Material. In den Parks und Grünanlagen vieler Städte ist der Einweggrill bereits verboten. Gut so!

WAS BEDEUTET EIGENTLICH DIREKTES UND INDIREKTES GRILLEN?

Hierbei handelt es sich um zwei vollkommen unterschiedliche Zubereitungsarten. Bei direktem Grillen ist die Hitze sehr stark, sodass Grillgut schneller durchgegart ist. Indirektes Grillen lässt sich hingegen eher mit dem Garen im Backofen vergleichen. Ob man eher direktes oder indirektes Grillen einsetzen sollte, hängt vom jeweiligen Volumen des Grillguts ab. Ein Holzkohle- oder Gasgrill ist in der Lage, beide Grillarten gleichzeitig durchzuführen, was sehr praktisch ist, wenn es um Grillgut mit divergierenden Garzeiten geht.

Direktes Grillen eignet sich bestens zum Angrillen oder für Grillgut mit kurzer Garzeit. Es wird direkt über der Flamme bzw. Glut gegart. Es empfiehlt sich, den Grill, der gut und gerne eine Temperatur von 250° und mehr erreichen kann, gut im Auge zu behalten, damit das Grillgut nicht anbrennt. Für direktes Grillen eignen sich u. a. pflanzenbasierte Burger oder Gemüse.

Beim indirekten Grillen wird das Grillgut auf der „kühleren" Seite des Grills zubereitet. Falls Sie einen Kugelgrill verwenden, dessen Deckel sich schließen lässt, kann das Grillgut bei etwa 100° wie in einem Backofen vor sich hin garen. Diese Grillart eignet sich optimal für voluminöses Grillgut, das über längere Zeit garen soll. Alternativ haben Sie aber auch die Möglichkeit, Ihr Grillgut erst mit direkter und dann mit indirekter Hitze zu grillen. Sie werden erstaunt sein, wie perfekt das Endergebnis sein wird.

Tipp 1: Es ist ganz einfach, zwei verschiedene Garbereiche einzurichten. Bei einem Holzkohlegrill einfach nur die Kohlestücke auf einer Seite aufhäufen; bei einem Gasgrill nur eine Hälfte der Brenner anzünden.

TIPP 2: Der Warmhalterost Ihres Grills kann ohne Weiteres für das indirekte Garen genutzt werden.

Auf die Größe kommt es an

Bei der Auswahl eines Grills sollten Sie auf jeden Fall die folgenden drei Punkte berücksichtigen:

- die Zahl der Personen, die verköstigt werden sollen
- die Grillart (direkt oder indirekt)
- das Grillgut und dessen Zubereitung

Wenn Sie nicht sehr häufig und nur für zwei Personen grillen, dürfte ein kleineres Modell vollkommen ausreichen. Erfahrungsgemäß wird ein Grill aber doch meistens schnell zu klein. Von daher ist es ratsam, sich von vornherein einen größeren anzuschaffen.

Wenn Sie mit direkter und indirekter Hitze grillen möchten, benötigen Sie ebenfalls einen Grill mit größerer Fläche. Dieser bietet gleichzeitig ausreichend Platz für sehr heiße und gemäßigte Temperaturzonen und eventuell auch noch für einen Warmhaltebereich.

Beim Kauf eines Grills sollten Sie außerdem die Flexibilität bzw. Mobilität des Gerätes beachten. Falls Sie mal im Garten und mal auf dem Balkon in einer anderen Etage grillen möchten, sollte Ihr Grill weder zu schwer noch zu sperrig sein. Ähnliches gilt für das Outdoor-Grillen in Parks oder auf sonstigen öffentlichen Plätzen. Auch hierfür sollte Ihr Grill leicht transportierbar und insgesamt zweckdienlich sein.

Fazit: Vor dem Kauf eines neuen Grills ist es wirklich ratsam, alle infrage kommenden Aspekte gründlich zu überdenken. Statt einfach in den nächsten Baumarkt zu gehen und dort irgendein x-beliebiges Modell aus der Werbung zu kaufen, ist es wahrscheinlich sinnvoller, sich im Fachhandel eingehend beraten zu lassen und auch dort den favorisierten Grill zu erwerben. Das wird im ersten Moment etwas kostspieliger sein, aber auf lange Sicht ist es sicher die klügere Entscheidung.

WELCHES GRILLMATERIAL IST AM BESTEN?

Damit Sie viel und vor allem lange Freude an Ihrem Grill haben, sollten Sie auf dessen Materialqualität achten. Preiswerte Modelle sind in diesem Punkt oft minderwertig. Ein hochwertiger Grill ist hingegen aus Edelstahl oder emailliertem Stahl gefertigt. Ein Markengrill besteht vorwiegend aus Edelstahl und ist deshalb besonders widerstandsfähig. Da Edelstahl vergleichsweise schwer ist, erkennt man schon daran einen guten Grill. Der Nachteil eines Edelstahl-Grills besteht allerdings darin, dass der Reinigungsaufwand recht hoch ist. Eine gute Alternative zu Edelstahlgrills sind deshalb pulverbeschichtete Grills. Sie sind wesentlich pflegeleichter, rosten allerdings auch schneller, wenn die Beschichtung an irgendeiner Stelle beschädigt ist. Mittels Speziallack lassen sich eventuelle Schäden aber meist schnell wieder beseitigen. Bei vielen Qualitätsgrills werden Edelstahl, pulverbeschichteter Stahl und Druckgusseisen miteinander kombiniert. Das macht ihre Nutzung sehr solide und verlässlich.

Unterschiedliches Material gibt es ferner auch beim Grillrost. Normalerweise besteht es aus Edelstahl oder Gusseisen - beides zwei sehr robuste und langlebige Materialien. Roste aus Gusseisen punkten besonders durch ihre Stabilität und ihr Gewicht, denn diese Eigenschaften wirken sich sehr positiv auf die Wärmespeicherung aus. Ein Nachteil dieser Roste ist jedoch, dass sie leichter rosten oder zu Bruch gehen. Hochwertige Markengrills verfügen meist über Roste aus Edelstahl. Diese speichern nicht nur die Hitze sehr gut, sondern sind auch besonders pflegeleicht. Temperaturschwankungen können ihnen nicht das Geringste anhaben.

Holzkohle oder Briketts?

Selbstverständlich können Sie beides verwenden. Aber beide Brennmaterialien bringen Vor- und Nachteile mit. Diese seien im Folgenden kurz erläutert:

Holzkohle ist in nur 20 bis 30 Minuten durchgeglüht und dann grillfähig. Bei Briketts dauert das Erhitzen fast doppelt so lange. Sie sind erst nach 45 bis 60 Minuten grillbereit.

Holzkohle brennt jedoch wesentlich schneller aus als Briketts. Dann muss nachgefüllt werden, sonst ist der Grillspaß schnell vorbei. Und dann heißt es auch erstmal warten, bis die Holzkohle wieder die richtige Temperatur erreicht hat. Je nachdem, mit wie vielen Leuten man zusammensitzt, kann ein Grillabend sich dadurch ganz schön in die Länge ziehen. Briketts sind in diesem Punkt viel effizienter. Sie können 3 bis 5 Stunden Hitze speichern. Da sie konstante Wärme liefern, eignen sie sich bestens für indirektes Grillen. Allerdings werden sie nicht so heiß wie Holzkohle, was aber im Normalfall kein Problem darstellt. Nur bei Grillgut, das extrem viel Hitze benötigt, ist Holzkohle ganz klar die bessere Wahl.

Tipp: Um Zeit einzusparen, verwenden Sie am besten einen Anzündkamin. Dieser eignet sich sowohl für Holzkohle als auch für Briketts.

Ausschlaggebend für welches Brennmaterial Sie sich entscheiden, ist schließlich das Grillgut. Was wollen Sie grillen? Und wie lange wollen Sie es grillen? Wenn Sie auf die Schnelle ein paar vegetarische Würstchen oder Gemüsespieße grillen wollen, sollten Sie am besten zu Holzkohle greifen. Sie ist fix durchgeglüht, und Sie können schon in knapp einer halben Stunde mit dem Grillen starten. Damit Sie nicht noch einmal Kohle nachfüllen müssen, sollten Sie innerhalb einer Stunde mit dem Grillen fertig sein.

Für einen längeren Grillabend mit mehreren Grillgängen sind Briketts eindeutig die klügere Wahl. Es dauert zwar eine Weile, bis die Briketts die richtige Temperatur erreicht haben, aber dann können Sie über mehrere Stunden genüsslich grillen. Über einen Wärmeverlust oder das Auffüllen von Briketts müssen Sie währenddessen nicht nachdenken.

Grillprofis raten zum Mischen von Holzkohle und Briketts. Letztere sorgen dabei für eine langanhaltende und konstante Grilltemperatur, und die Holzkohle verleiht dem Grillgut das beliebte Räucheraroma. Ob diese Grill-Variante auch für Sie in Frage kommt, müssen Sie einfach mal ausprobieren.

WELCHES GRILL-ZUBEHÖR IST WICHTIG?

1. Grillanzünder

Sicher, zum Anzünden des Brennmaterials können Sie ein wenig Zeitungspapier und ein paar Hölzer verwenden, aber es geht auch einfacher und vor allem komfortabler. Spezielle Grillanzünder ermöglichen es, dass sich Holzkohle oder Briketts schnell erhitzen und Sie zügig mit dem Grillen beginnen können.

Da wären zunächst einmal Holz-Wachs-Anzünder in Würfelform, welche aus Holz oder Holzwolle bestehen und in Wachs getränkt wurden. Da sie zu 100 % aus Naturmaterialien hergestellt sind, gelten sie als besonders umweltfreundlich.

Ein weiterer Andzündbeschleuniger ist der Heißluft-Grillföhn. Um diesen verwenden zu können, braucht es jedoch einen Stromanschluss in unmittelbarer Nähe zum Grill. Das macht ihn nicht ganz so praktikabel wie die Holz-Wachs-Anzünder. Mittlerweile bieten manche Hersteller aber auch schon batteriebetriebene Heißluft-Grillföhne an.
Immer mehr im Trend liegen Elektro-Grillanzünder. Diese sind vom Handling her sehr komfortabel, benötigen aber ebenfalls Strom. Sie werden einfach unter die Holzkohle oder die Briketts Ihres Grills gelegt und der Rest passiert von alleine. Diese Anzünde-Methode überzeugt durch zwei Aspekte: 1. funktioniert sie komplett qualmfrei, und 2. kommt sie ohne Chemie aus.

Sehr funktional sind auch Anzündkamine. Sie bringen Holzkohle und Briketts rasch zum Glühen und sind sehr simpel in puncto Bedienung.

Hinweis: Auch wenn Sie einen Anzündkamin haben, der über einen hitzebeständigen Griff verfügt, sollten Sie trotzdem Handschuhe tragen.

2. Grillrost

Mal abgesehen vom Grill selbst dürfte der Rost wohl mit das wichtigste Grill-Equipment sein. Schließlich muss man das Grillgut ja irgendwo platzieren, damit es entsprechend gegrillt werden kann. Für gewöhnlich ist ein Grillrost aus Edelstahl gefertigt, aber es gibt sie auch aus Gusseisen. Je nach Grill variieren die Form und die Größe des Grillrosts. Bei einem Kugel- oder Schwenkgrill sind sie rund, aber ansonsten meist rechteckig. Sehr praktisch sind Grillroste mit Griffen, da sie bei Bedarf wesentlich einfacher aus dem Grill gezogen werden können. Heute gehört es zum Standard, dass ein Grill inklusive Grillrost verkauft wird. Aber es gibt auch Grillroste für spezielle Ansprüche, die man gesondert erwerben muss. Unter anderem sind dies Warmhalteroste oder extra Roste für Gemüse.

3. Grillbesteck

Auch darauf kommt es an, denn Grillen ohne das passende Grillbesteck kann das Grillen schnell zu einem mühsamen Unterfangen machen. Allein zum Greifen und Wenden von Grillgut aller Art braucht es ein geeignetes Utensil. Einfach nur eine Gabel dafür zu verwenden, ist keine empfehlenswerte Vorgehensweise. Da kann es schnell zu Verbrennungen kommen. Zu zweckmäßigem Grillzubehör gehört deshalb z. B. eine Grillzange, eine Grillgabel und ein Grillwender.

4. Grillhandschuhe

Um sich vor der enormen Hitzeentwicklung beim Grillen zu schützen, sollten Sie auf jeden Fall Handschuhe verwenden. Dies fängt bereits beim Anzündkamin an. Auch wenn dieser im Normalfall über einen hitzebeständigen Griff verfügt, passiert es doch schnell, dass man danebengreift, was wiederum sehr schmerzhafte Folgen mit sich bringen kann. Besondere Vorsicht gilt aber auch direkt am Grill und Grillrost. Auch hier besteht jederzeit Verbrennungsgefahr. Deshalb sollten Sie unbedingt Grillhandschuhe tragen, welche aus mindestens 200° hitzebeständigem Material hergestellt sind. Beim Kauf sollten Sie insbesondere auf die passende Größe der Grillhandschuhe achten. Weder zu klein noch zu groß sollten sie sein. Hinweis: Auch wenn der Hitzeschutz der Handschuhe laut Hersteller bis zu 250° beträgt, sollten Sie damit nie das Brennmaterial berühren. Das Verbrennungsrisiko ist einfach zu hoch.

5. Grillschürzen

Diese sollen in allererster Linie vor Schmutz auf der Kleidung schützen. Immerhin trägt man bei einem Grillevent auch mal etwas Schickeres. Und wenn nicht, sollte auch die normale Kleidung nicht von Fettspritzern oder sonstigen Flecken geziert sein.

6. Grillbürsten

Zwecks Reinigung sollte auch eine geeignete Grillbürste nicht in Ihrer Grillausstattung fehlen. Vor allem Grillroste lassen sich damit hervorragend von eingetrockneten Essensresten und Fett befreien. Ein Spültuch oder Schwamm ist da bei Weitem nicht so effektiv. Eine spezielle Grillbürste macht die Reinigung auch insofern einfacher, weil Sie damit auch noch heiße Grillroste problemlos säubern können. Am besten aber auch hierbei Grillhandschuhe tragen.

Hinweis: Je nach Material Ihres Grillrostes sollten Sie die Grillbürste auswählen. Gusseiserne und emaillierte Roste benötigen beispielsweise eine schonendere Reinigung als ein Edelstahlrost.

UND WIE SIEHT ES MIT DER NACHHALTIGKEIT AUS?

HOLZKOHLE, GAS ODER ELEKTRO WELCHER GRILL IST ÖKOLOGISCHER?

Was die Ökobilanz der einzelnen Grillarten betrifft, so müssen Sie sich keine Sorgen machen. Es gilt als erwiesen, dass die Wahl eines Grills keinen bedenklichen Einfluss auf die Nachhaltigkeit hat. Ob Sie sich für einen Holzkohle-, Gas- oder Elektrogrill entscheiden, ist also eher zweitrangig. Was von viel größerer Bedeutung ist, ist die Wahl des Grillguts. Tierische Produkte belasten die Umwelt beispielsweise wesentlich mehr als rein pflanzliche Lebensmittel wie Gemüse.

Dennoch wird am ehesten von der Benutzung eines Holzkohlegrills abgeraten, da er für eine höhere Schadstoffbelastung sorgt als ein Gas- oder Elektrogrill. Unter anderem entwickeln sich CO_2 (= Kohlenstoffdioxid) und CO (=Kohlenstoffmonoxid). Ebenso entsteht während des Grillvorgangs Feinstaub, der sowohl die Umwelt als auch die Gesundheit schädigt. Doch auch ein Gasgrill verursacht giftige CO-Werte und ist somit auch nicht die perfekte Lösung zum Grillen. Trotzdem ist er aber immer noch besser als ein Holzkohlegrill. Von Nachteil ist zudem, dass Propangas zum Einsatz kommt, was nicht zu den erneuerbaren Energien zählt. In Sachen Klimabilanz überzeugt deshalb am meisten der Elektrogrill. Dies umso mehr, wenn er mit Ökostrom betrieben wird. Der größte Pluspunkt bei Gas- und Elektrogrills ist, dass sie keine Feinstaubbelastung verursachen. Beim Einsatz beider Grilltypen bleibt die Luft nahezu rein.

Tipp: Ist Ihr Elektrogrill irgendwann nicht mehr funktionsfähig, können Sie ihn über den örtlichen Wertstoffhof entsorgen.

Eine gute Alternative zu den herkömmlichen Grillarten könnte der Solargrill sein, aber dieser ist bislang noch nicht im Mainstream angekommen. Dabei wäre nachhaltiges Grillen mittels Sonnenenergie durchaus erstrebenswert. Der Emissionsausstoß wäre gleich null. Bleibt zu hoffen, dass die Hersteller in nächster Zeit neue Ideen entwickeln, wie sie den Solargrill zu einem leistungsstarken Pendant zu Holzkohle-, Gas- und Elektrogrill machen können.

VORZUGSWEISE SAISONALE UND REGIONALE PRODUKTE GRILLEN

Das macht schon einen großen Unterschied. Doch leider ist es oft so, dass Obst und Gemüse nicht saisonorientiert gekauft werden. Erdbeeren für Grillspieße im November, Spargel zum Weihnachtsgrillen oder Burger auf Zucchini-Basis zu Ostern – man fragt sich, ob das tatsächlich sein muss. Nachhaltig ist es jedenfalls nicht. Um der Nachfrage nach exotischem und der Jahreszeit nicht entsprechendem Obst und Gemüse nachkommen zu können, muss ein Riesenaufwand betrieben werden. Vieles wird in Gewächshäusern herangezüchtet, was sehr viel Energie und Wasser erfordert. Hinzu kommt noch, dass die frischen Lebensmittel importiert werden müssen, was weitere unnötige CO_2-Emissionen zur Folge hat. Wenn das Obst und Gemüse dann ankommt, hat es enorm an Frische und Qualität eingebüßt, und damit es überhaupt verzehrbar ist, wurde es mit allerlei Pflanzenschutzmitteln behandelt. Wenn man sich all dies vor Augen führt, wird schnell klar, dass im Grunde nur saisonale und regionale Produkte auf den Grill kommen sollten. Denn Fakt ist, nachhaltiges Grillen beginnt bereits beim Kauf der Zutaten. Gerade bei pflanzlichen Lebensmitteln ist es durchaus machbar, auf Regionalität zu achten, denn Obst und Gemüse gibt es reichlich auf dem Wochenmarkt oder im Bioladen. Wenn man darüber hinaus auch noch auf die Saisonalität achtet, kommt der Nachhaltigkeitsfaktor definitiv nicht mehr zu kurz. Saisonkalender sind in diesem Zusammenhang eine große Hilfe, denn sie zeigen auf, welche Obst- und Gemüsesorten gerade erhältlich sind.

WICHTIG ZU WISSEN

Regional bedeutet nicht, dass Produkte auch gleichzeitig von hoher Qualität geschweige denn nachhaltig sind. So werden auf dem Wochenmarkt auch oft Produkte angeboten, die zwar schön aussehen, ökologisch gesehen aber eher minderwertig sind. Sie werden mit Pestiziden und anderen Umweltgiften behandelt, was sich vor allem am Geschmack der Produkte bemerkbar macht. Deshalb am besten genau nachfragen, woher das Gemüse und Obst stammen und inwieweit es chemisch behandelt wurde. Auf Etiketten steht oft „Herkunftsland Deutschland" oder „Aus regionalem Anbau", aber lassen Sie sich davon nicht in die Irre führen. Denn oft ist Regionalität nicht nachhaltig. Viele Gemüsesorten müssen, um gedeihen und reifen zu können, sehr aufwendig in Gewächshäusern angepflanzt werden, verbrauchen Unmengen an Wasser und verursachen zu guter Letzt Treibhausgase ohne Ende. Wirklich zu empfehlen ist nur Grillgut, das in Ihrer näheren Umgebung unter ökologisch zweckmäßigen Gesichtspunkten angebaut wurde. Hilfreich kann hier der Blick in den jeweiligen Monat des Saisonkalenders sein, der nur heimisches Obst und Gemüse aufführt. Das hat auch alles einen sozialen Aspekt, weil speziell Kleinbauern, die Freilandanbau betreiben und dabei ohne Gewächshäuser, Folientunnel und ähnliche Methoden auskommen, dadurch unterstützt werden. Ihr Einkauf nach dem jeweiligen Saisonangebot wird sich zudem auch positiv auf Ihre Gesundheit auswirken. Das ganze Jahr über stehen gesunde Erzeugnisse aus der Natur zur Verfügung, die eine abwechslungsreiche Ernährung garantieren. Mit saisonalem Obst und Gemüse sind Sie ganzjährig optimal mit allen wichtigen Nährstoffen versorgt. Freilandobst und -gemüse kommt größtenteils ohne Düngemittel aus, enthält andererseits aber viele Vitamine, Mineralstoffe und Spurenelemente. Da können Treibhausprodukte de facto nicht mithalten. Saisonales Grillgut aus dem Freilandanbau überzeugt nicht nur rein optisch, sondern auch vom Geschmack her ist es wesentlich aromatischer. Es ist also durchaus sinnvoll, wenn Sie sich in puncto Grillen am Saisonkalender orientieren. Er zeigt Ihnen, was die Natur zu bieten hat und was Sie vorzugsweise im jeweiligen Monat grillen können. Ansonsten wirkt sich das Ganze auch positiv auf Ihr Portemonnaie aus. Denn da es zeitweise zu einem Überangebot saisonaler Produkte kommt, sind auch deren Preise viel günstiger.

Tipp: Seien Sie beim Einkauf ruhig ein bisschen fordernd. Haken Sie nach, woher das Gemüse für Ihr bevorstehendes Grill-Event kommt und wie es angebaut wurde. Frei nach dem Motto: Nur wer fragt, bekommt auch Antworten.

WERTSCHÄTZUNG STATT VERSCHWENDUNG

Haben Sie schon einmal etwas von Misfits gehört? Das ist Obst und Gemüse, das nicht dem Standard entspricht und deshalb oft aussortiert wird. Ob zu krumme Gurken, verformte Kartoffeln, übergroße Äpfel oder verwachsene Karotten – lange Zeit war derartiges Obst und Gemüse zum Wegwerfen verurteilt. Das hat sich zum Glück derweil geändert, denn Nachhaltigkeit und die Verschwendung von Lebensmitteln rücken immer mehr ins Zentrum der allgemeinen Umweltkritik. Inzwischen sind Misfits bei vielen Bio-Bauern und diversen Discountern erhältlich, und das auch noch zu erheblich günstigeren Preisen. Das irgendwie Groteske daran: In Sachen Frische und Geschmack stehen sie genormtem Obst und Gemüse in nichts nach. Sie sind nur optisch nicht so perfekt, wie sie es gemäß Gütesiegel sein sollten.

Tipp: Wenn Sie das nächste Mal einkaufen gehen, sollten Sie unbedingt nach Obst und Gemüse mit anatomischen Besonderheiten Ausschau halten. Sie werden überrascht sein, was für außergewöhnliche „Kunstwerke" auf Sie warten.

ES GEHT AUCH OHNE ALU-SCHALE

Was auch immer Sie grillen möchten, Ihrer Gesundheit zuliebe sollten Sie Ihr Grillgut 1. nicht direkt auf den Grillrost legen und 2. auch nicht in eine Einweg-Schale aus Aluminium. Die Verwendung von Alu-Schalen ist zwar gängige Praxis, aber sie sind äußerst gesundheitsschädigend. Durch säure- oder salzhaltige Lebensmittel können sich Aluminium-Teilchen lösen, die in Folge auf die Lebensmittel übergehen. Hinzu kommt, dass für die Gewinnung von Aluminium ein großer Energieaufwand notwendig ist. Das macht Aluminium zu einem nicht sehr umweltfreundlichen Material. Aber, keine Sorge, es gibt durchaus andere gute Grillschalen, die das Kriterium der Nachhaltigkeit erfüllen. Diese machen den Grill-Spaß sogar noch vielseitiger.

Da wäre z. B. die Grillschale aus Edelstahl. Optisch und funktional ist diese der Alu-Grillschale recht ähnlich, denn auch sie bewahrt das Grillgut vor dem Direktkontakt mit der Glut. Der Unterschied zur Alu-Schale liegt nur darin, dass sie gesundheitlich völlig ungefährlich ist. Außerdem kann sie nach dem Gebrauch unzählige Male wiederverwendet werden.

Auch Grillpfannen aus Gusseisen stellen eine sinnvolle Alternative zu Einweg-Schalen aus Aluminium dar. Durch kontinuierlichen Wärmetransport können mit einer Grillpfanne auch eher weiche Gemüsesorten wie Zucchini oder Kürbis problemlos zubereitet werden. Durch das geriffelte Muster dieser Pfannen erhält das Grillgut ein besonders markantes Aussehen. Eine gusseiserne Grillpfanne ist in der Anschaffung nicht ganz billig, aber dafür hält sie ewig, was den höheren Preis auf jeden Fall rechtfertigt.

Die allereinfachste Methode, um Grillkartoffeln zuzubereiten, ist, sie direkt auf die heiße Kohle zu legen, und zwar ganz ohne Alufolie oder Grillschale. Durch die unmittelbare Hitze wird die äußere Kartoffelschale zu einer Art Schutzhülle. Das Innere der Kartoffel wird nach einer Weile jedoch ganz weich und kann, sobald die Kartoffel richtig durchgegart ist, direkt aus der Schale gelöffelt werden.

Des Weiteren lässt es sich auch wunderbar auf einem heißen Stein grillen. Für die Verwendung auf dem Grill sind Steine aus Schamotte oder Granit besonders empfehlenswert. Mit ihnen lässt sich nahezu jedes Grillgut besonders schonend und homogen garen. Dafür sorgen die gleichmäßige Hitzeausdehnung und das langanhaltende Speichervermögen des Steins.

Tipp: In einem Kugelgrill können Sie einen heißen Stein auch für das Backen von Pizza oder Brot verwenden.

Schon allein durch Holzkohle erhält das Grillgut ein tolles Räucheraroma, aber Grillbretter oder Grillfurnier aus Buchen-, Erlen- oder Zedernholz können dies noch um einiges toppen. Vor ihrer Verwendung müssen sie erst gut gewässert werden, damit sie während des Grillens ihre unverwechselbaren Aromen auf das Grillgut übertragen können. Das Ergebnis sind echte Geschmackserlebnisse, die Sie nicht so schnell vergessen werden.

Früher war es gang und gäbe, dass man Pflanzenblätter beim Grillen, Garen und Schmoren als Hitzeschutz verwendete. Einige wenige Länder tun dies bis heute. Aber bei uns wird diese Vorgehensweise nur sehr selten praktiziert. Dabei ist es eine prima Sache, denn Pflanzenblätter bieten einen optimalen Schutz – insbesondere für sehr feines oder kleines Grillgut, das geschmort werden soll.

Falls Sie das Grillen mit Pflanzenblättern einmal ausprobieren möchten, verwenden Sie am besten große und feste Kohlblätter. Unter anderem eignen sich die Blätter von Weißkohl, Wirsing, Rotkohl oder Spitzkohl. Doch auch die Blätter von Maiskolben oder Bananenblätter können Sie ohne Weiteres zum Einwickeln Ihres Grillguts verwenden.

Wenn die gewählten Blätter sauber und trocken sind, müssen sie zunächst geölt werden, sonst verbrennen sie während des Grillvorgangs. Danach z. B. gewürfeltes und bereits gewürztes Gemüse mittig in die Blätter hineinlegen, gut einwickeln, mit einem Holzspieß verschließen oder einem Faden zuschnüren und auf den Grillrost legen. Sind die Päckchen fertig gegart, brauchen Sie sie nur auszuwickeln und können sofort Ihr Grillgemüse genießen.

Ein Grillkorb aus Edelstahl ist ebenfalls eine gute Alternativlösung zur Alu-Schale. Speziell für kleinere Zutaten wie Kirschtomaten, Champignons, Knoblauchzehen oder kleingeschnittenes Gemüse ist er das perfekte Utensil.

Tipp: Den Grillkorb erst einölen und dann nicht allzu vollpacken. Das verhindert, dass das gewählte Gemüse anklebt. Nach dem Grillen kann der Korb ganz unkompliziert in der Spülmaschine gereinigt werden.

Häufig werden Kartoffeln oder Gemüse in Alufolie eingepackt auf den Grill gelegt, aber vernünftiger und zweckmäßiger ist ein Schmortopf. Da er aus feuerfestem Material hergestellt ist, kann er direkt in der Glut oder auf dem Grillrost platziert werden. In einem Schmortopf lassen sich viele tolle Gaumengenüsse wie knusprig-leckeres Brot oder unwiderstehliche Desserts zaubern. Ausprobieren lohnt sich!

10 VOLLWERTIGE ALTERNATIVEN FÜR FLEISCH UND FISCH

1. TOFU

Wenn Sie sich vegetarisch ernähren, werden Sie Tofu sicher kennen. Er ist eine fantastische Ergänzung zu vielen Gemüsesorten und Kohlenhydraten wie Reis, Kartoffeln oder Nudeln. Als ideale Eiweißquelle sollte er in keiner vegetarischen oder veganen Küche fehlen. Schmackhaft mariniert und zubereitet, ist er ein gesundes Pendant zu vielen Fleischprodukten.

Tofu wird aus weißen Sojabohnen hergestellt. Als Erstes werden diese für 10-12 Stunden in Wasser eingeweicht, fein gemahlen und ausgepresst. Dabei entsteht Sojamilch, die anschließend mit einem Gerinnungsmittel (z. B. Zitronensäure, Nigari oder Calciumsulfat) erhitzt wird. Während des Aufkochens bildet sich Süßmolke, welche nach dem Abkühlen ausgepresst wird. Fertig ist der Tofu.

Tofu ist in drei verschiedenen Varianten erhältlich – naturell, geräuchert und als Seidentofu. Doch worin unterscheiden sich diese drei Tofuarten? Das ist einfach erklärt:

Naturtofu ist vom Geschmack her neutral. Deshalb kann er sowohl in würzigen als auch in süßen Speisen verarbeitet werden. Naturtofu ist zudem ein optimaler Ei-Ersatz beim Backen oder beim Herstellen von Cremes. Herzhaft schmeckt Naturtofu gebraten, paniert, frittiert und natürlich auch gegrillt.

Räuchertofu erhält sein unverkennbares Aroma durch die Räucherung über Buchenholz. Für die Herstellung von Süßspeisen ist er nicht geeignet, aber bei pikanten Gerichten kommt er gerne zum Einsatz. Was die Konsistenz des Räuchertofus betrifft, so ist er durch den Räucherprozess ein wenig fester als Naturtofu. Das hat den Vorteil, dass er beim Braten oder Grillen nicht gleich zerfällt. Sehr wohlschmeckend ist Räuchertofu auch als Brotbelag oder in Eintöpfen.

Im Gegensatz zu Natur- und Räuchertofu hat Seidentofu eine viel weichere Beschaffenheit. Das liegt daran, dass er einen wesentlich höheren Wasseranteil hat. Seine Konsistenz gleicht am ehesten der von Pudding. Geschmacklich ist er eher neutral und mild. Deshalb können Sie ihn bestens in allerlei Süßspeisen verwerten. Nachdem Sie ihn cremig püriert haben, lässt er sich vielfältig weiterverwenden. Auch in Suppen und Saucen ist er eine interessante Zutat.

Lagern sollten Sie Tofu am besten in einer Wasserlake sowie im Kühlschrank. Dort hält er sich mehrere Tage. Bevor Sie ihn verarbeiten, ist es sinnvoll, ihn erst trockenzutupfen. Sobald Tofu irgendwie seltsam riecht, sollten Sie ihn nicht mehr verzehren, denn das ist ein eindeutiges Zeichen dafür, dass er nicht mehr gut ist. Tofu lässt sich ansonsten auch prima einfrieren. Nach dem Auftauen ist er zwar weicher und bröckeliger, aber das hat keinen Einfluss auf den Geschmack. Aufgetauter Tofu eignet sich übrigens hervorragend zum Marinieren. Gewürze ziehen besser ein, was sich im Geschmack widerspiegelt.

So oder so ist das Marinieren das A und O bei der Zubereitung von Tofu, da dieser ja eher geschmacksneutral ist. Eine gelungene Marinade verleiht dem Tofu aber erst das eigentliche Aroma.

Tipp: Bevor Sie den Tofu marinieren, sollten Sie ihn erst gut auspressen. Durch die Wasserlake ist der Tofu voll mit Flüssigkeit. Demzufolge kann er die Marinade nur sehr unzureichend aufnehmen.

Um den Tofu auszupressen, wickeln Sie ihn am besten erst in Küchenkrepp ein und legen ihn dann zwischen zwei Teller. Um den Schwere-Effekt zu erhöhen, einfach ein paar Bücher obendrauf legen. Nach ca. 15 Minuten müsste ein Großteil der Flüssigkeit herausgepresst sein. Ob in Streifen, Würfeln oder Scheiben - jetzt können Sie den Tofu auf unterschiedlichste Weise weiterverarbeiten. Falls Sie Chili sin Carne oder Rührtofu zubereiten möchten, können Sie den ausgepressten Tofu einfach in die Pfanne krümeln.

Für die Zubereitung von Marinaden eigenen sich vor allem schärfere Gewürze wie Curry, Pfeffer, Chili oder Ingwer. Durch sie erhält der Tofu erst seinen guten Geschmack. Sobald alle Zutaten der

Marinade vermischt sind, einfach den Tofu hineinlegen und eine Weile ziehen lassen. Optimalerweise lassen Sie das Ganze über Nacht stehen. Auch mit Marinade hält sich der Tofu mehrere Tage im Kühlschrank. Falls ein Grillfest bevorsteht, können Sie den Tofu also schon rechtzeitig vorbereiten.

Tipp: Statt Öl können Sie für die Marinade auch Reisessig, Zitronensaft, Kokosmilch oder Ähnliches verwenden. Das sorgt nochmal für einen extra Geschmackskick.

Und noch ein **Tipp:** Marinierter Tofu lässt sich wie ein Schnitzel panieren – z. B. mit Sesam, Semmelbröseln, Kokosraspeln, Mandelblättern oder einem Mix aus Gewürzen und Mehl.

Falls Sie Ihren Tofu nicht marinieren möchten, können Sie ihn stattdessen auch einfach nur würzen. In diesem Fall jedoch nicht mit der Menge der Gewürze geizen. Generell können Sie hier ganz nach persönlichem Gusto verfahren – z. B. mit Kräutern der Saison, Knoblauch, Ingwer, Curry und, und, und. Je nach Geschmacksvorliebe kann das Ganze noch mit Erdnuss- oder Mandelmus, Soja- oder Chilisauce ergänzt werden. Der kulinarischen Kreativität sind keine Grenzen gesetzt.

Zum Grillen sollten Sie möglichst Natur- oder Räuchertofu verwenden. Beides lässt sich ausgezeichnet zubereiten. Nachdem Sie den Tofu erst entwässert und dann mariniert oder gewürzt haben, können Sie ihn in Scheiben schneiden und auf den Grill legen. Tofu in Würfel geschnitten und im Wechsel mit Gemüsestücken auf Spieße gesteckt, sind ebenfalls eine delikate Sache. Da Tofu relativ schnell gar ist und dann Gefahr läuft auszutrocknen, sollten Sie ihn möglichst an den Grillrand legen. Außerdem ist es ratsam, Tofu vor dem Grillen mit Pflanzenöl zu bestreichen, da er sonst leicht am Rost kleben bleibt.

2. SEITAN

Diese ebenfalls beliebte Fleischalternative hat eigentlich nur einen Bestandteil, nämlich Weizeneiweiß. Diese Zutat kennt man eher unter dem Begriff Gluten. Ansonsten sind nur noch einige Gewürze, Kräuter und Wasser in Seitan enthalten. Da er sich flexibel formen lässt und eine fleischähnliche Konsistenz aufweist, ist er ideal für die vegetarische Küche. Dies auch deshalb, weil er eine ausgezeichnete Grundlage für Gewürze ist. Sofern Sie schon einmal ein vegetarisches Schnitzel oder Würstchen gegessen haben, war es sicher eins auf Seitanbasis. Auch Burger und Gyros lassen sich wunderbar daraus herstellen.
Seitan erhalten Sie inzwischen in jedem guten Bio-Markt, wobei er an sich kein neu entwickeltes Produkt ist. Ganz im Gegenteil. Seitan kommt bereits seit Jahrhunderten in der asiatischen Küche zum Einsatz. Nach der Zubereitung weist er eine besonders zarte Textur auf, was ihn zu einem äußerst gefragten Lebensmittel macht.

Der Genuss von Seitan ist allerdings auch ein wenig negativ behaftet, denn eine glutenfreie Ernährung liegt schon länger im Trend. Selbst Menschen, die an keiner Glutenunverträglichkeit leiden, meiden ihn bisweilen. Der Verzehr von Seitan ist abgesehen davon aber sehr zu empfehlen. Er enthält wenig Fett und viel Protein. In 100 Gramm stecken rund 75 Gramm Eiweiß. Zum Vergleich: In Tofu sind nur 8 Gramm Eiweiß enthalten.

Doch wie genau wird Seitan hergestellt? Es mag seltsam klingen, aber es werden einfach nur Weizenmehl und Wasser zu einer homogenen Masse verarbeitet. Diese Masse wird nach einer gewissen Ruhephase durchgespült, bis die Stärke des Mehls fast vollständig entzogen ist. Das Resultat ist ein recht fester, elastischer, glutenhaltiger Teig, der wiederum die Basis für die eigentliche Zubereitung des Seitans bildet. Rein theoretisch kann man den ersten Herstellungsprozess auch überspringen, indem man direkt zu einem Fertigpulver aus reinem Gluten greift. Dieses muss einfach nur mit Wasser oder Brühe vermengt werden. Um dem Ganzen den erwünschten Geschmack zu verleihen, verwendet man am besten gleich Brühe statt Wasser und fügt anschließend noch Kräuter und Gewürze hinzu.

Das Endergebnis wird nun erneut in Brühe gekocht, bis eine Masse entstanden ist, die sich gut schneiden lässt. Bei diesem Vorgang saugt sich die Masse mit reichlich Flüssigkeit voll und nimmt dementsprechend an Größe zu. Deshalb unbedingt darauf achten, einen Topf zu verwenden, der nicht zu klein ist. Zum Schluss kann der fertige Seitan in beliebig große Stücke geschnitten, mariniert und gemäß Rezept verarbeitet werden.

Natürlich können Sie sich das Prozedere der Herstellung auch sparen und küchenfertigen Seitan im Geschäft kaufen. Sie bekommen ihn in der Regel in Biomärkten, im Reformhaus oder im Asia-Handel. Dort finden Sie ihn entweder im Kühlregal als Naturprodukt in Scheiben oder eingelegt im Glas in der Abteilung für vegetarisch/vegane Produkte. Und wenn es mal besonders schnell gehen muss, können Sie auch auf fix und fertige Würstchen oder Gyros aus Seitan zurückgreifen. Diese bekommen Sie ebenfalls in gut sortierten Bio- oder Asialäden.

Sofern Sie experimentierfreudig sind, versuchen Sie sich doch mal an Gerichten auf Seitanbasis. Mit viel Kreativität und etwas Praxis lassen sich daraus vorzügliche Speisen herstellen, die anderen pflanzlichen oder tierischen Alternativen geschmacklich in nichts nachstehen.

3. TEMPEH

Ein weiterer idealer Fleischersatz ist Tempeh. Als Sojaprodukt ist es ein besonders eiweißreiches Lebensmittel, das hierzulande allerdings noch nicht so recht Einzug in die vegetarische Küche gehalten hat. Tempeh ist jedoch ein überaus wohlschmeckendes und nährstoffreiches Produkt, das nur darauf wartet, auch bei uns zu den Klassikern der pflanzenbasierten Ernährung zu gehören.

Genau wie Tofu & Co. ist Tempeh kein neuerdachtes Produkt der Lebensmittelindustrie. Es wird schon viele Jahrhunderte als pflanzliche Proteinquelle genutzt. Dennoch ist es vielen noch nicht so geläufig wie Tofu oder Seitan.

Ursprünglich stammt Tempeh aus Indonesien. Produziert wurde es dort nach einem der ältesten Lebensmittelverfahren überhaupt. So ist bekannt, dass Tempeh bereits im 16. Jahrhundert hergestellt und konsumiert wurde. Wie andere Sojaprodukte wurde wahrscheinlich aber auch Tempeh schon wesentlich früher verwendet. Dies wurde jedoch bislang nicht hinreichend erforscht. Bekannt ist nur, dass Tempeh durch die niederländische Kolonialmacht nach Europa gekommen ist. Dies geht aus einem niederländischen Wörterbuch aus dem Jahre 1875 hervor. In andere Länder gelangte Tempeh erst im Laufe des 20. Jahrhunderts. Soweit zur Geschichte.

Die Basis von Tempeh bilden fermentierte Sojabohnen. Diese werden erst geschält und gekocht und dann mit Edelschimmelpilzen geimpft. Als Nächstes werden die Sojabohnen zu einem rechteckigen Fladen oder zu einer Rolle geformt und wohltemperiert für 48 Stunden fermentiert. Während dieses Prozesses entsteht durch die Edelschimmelpilze ein feines, weißes Fadennetz, welches die Hülsenfrüchte im Anschluss miteinander verbindet und zusammenhält. Dieser Vorgang ähnelt der Herstellung von Camembert, bei der auch ein Edelschimmelpilz für das weiche, weiße Äußere und den unverwechselbaren Geschmack verantwortlich ist.

Natürlich können Sie Tempeh auch selbst herstellen. Dafür benötigen Sie nur Tempeh Starterkulturen, Sojabohnen (oder andere Hülsenfrüchte) sowie Essig. Alles in allem ist die Herstellung aber eine recht zeitintensive Angelegenheit, weshalb es doch sinnvoller ist, Tempeh fertig zu kaufen.

Tempeh ist eine wirklich gesunde Fleischalternative. 100 Gramm haben nur 157 Kalorien und enthalten 19,5 Gramm Eiweiß. Ansonsten ist Tempeh reich an Kalzium, Phosphor, Eisen und Magnesium. Der Fettanteil beträgt 7,5 Gramm, die Kohlenhydrate umfassen nur 1,8 Gramm. Die enthaltenen Schimmelpilzkulturen machen Tempeh zu einem probiotischen Lebensmittel. Der Genuss von Tempeh trägt somit zur Stärkung des Immunsystems bei und sorgt für eine gesunde Darmflora.

Tempeh können Sie mindestens genauso vielseitig verwenden wie Tofu. Für ein besonders ausgeprägtes Aroma sollten Sie es jedoch braten bzw. rösten. Noch besser gelingt Tempeh, wenn Sie es vorab marinieren. In puncto Geschmack können Sie hier ganz nach Ihren eigenen Vorlieben und Vorstellungen experimentieren.

Da Tempeh ein eher nussiges Aroma hat, kann es sowohl als Käsealternative als auch als Fleischersatz eingesetzt werden, wobei die Zubereitungsmöglichkeiten nahezu unbegrenzt sind. Tempeh lässt sich hervorragend gekocht, gedämpft, gebacken oder sogar roh genießen.

4. LUPINEN

Eine heimische Fleischalternative sind Lupinen. Sie können prima in vegetarischen Würstchen, Burger oder Filets verarbeitet werden. Auf der Beliebtheitsskala vieler Vegetarier stehen sie mittlerweile gleich hinter Soja und Seitan.

Genau wie Erbsen oder Linsen zählen Lupinen zu den Hülsenfrüchten, und ihre Samen sind ein überaus hochwertiger Eiweißlieferant. Für Vegetarier ist es immer wichtig, einen guten Ersatz für tierisches Eiweiß zu finden. Da sind Lupinen genau das Richtige. Sie enthalten fast 40 Prozent Eiweiß und sind frei von schädlichen Purinen. Das macht sie im Vergleich zu Sojabohnen um einiges gesünder. Ebenso stecken in Lupinen alle lebenswichtigen Aminosäuren und reichlich Vitamin E. Darüber hinaus besitzen sie viel Kalzium, Magnesium und Eisen.

Auch ökologisch sind Lupinen ein echter Gewinn: Sie benötigen im Vergleich zur Fleischproduktion nur wenig Fläche und wesentlich weniger Energie, um genauso viel Eiweiß zu liefern. Hinzu kommt, dass sie nicht aus dem Ausland importiert werden müssen und ohne Gentechnik auskommen.

Lupinen haben nur ein einziges Manko. Sie haben in ihrer natürlichen Form einen bitteren Geschmack. Dies liegt daran, dass sie Alkaloide enthalten. Um Lupinen verzehr- und genießbar zu machen, wurde jedoch ein Verfahren entwickelt, bei dem die Bitterstoffe der Lupinen isoliert werden. Inzwischen werden u. a. sehr schmackhafte, joghurtähnliche Produkte aus Lupinen hergestellt. Diese stecken voller Ballaststoffe, sind von der Konsistenz her sehr cremig und bieten deshalb eine tolle Grundlage für Eis.

In vielen Biomärkten und Reformhäusern gibt es derweil eine große Auswahl an Produkten auf Lupinen-Basis: Mit Lupinenmehl lässt sich ergänzend zu Getreidemehl hervorragend Kuchen oder Brot backen. Dies kann eine Low-Carb-Ernährungsweise unterstützen. Ähnlich wie Seidentofu lässt sich Lupinen-Seide als Fleischersatz verwenden und als solches nach Belieben würzen. Im Kühlregal sind zahlreiche alternative Milchprodukte aus Lupinen erhältlich – z. B. Joghurt, Quark oder Frischkäse. Ebenso gibt es bereits fertig gewürztes Gyros oder Geschnetzeltes sowie weitere Fleischalternativen aus Lupinen.

Sogar die Hersteller tierischer Produkte setzen mittlerweile vermehrt auf die Verwendung von Lupineneiweiß. So liefert Wurst aus Lupinen genauso viel Protein wie Wurst vom Tier, ist dabei aber deutlich kalorienreduzierter und enthält nur wenig Purin. Dies beugt insbesondere Gelenk- und Nierenproblemen vor. Und noch ein weiteres Beispiel: Ein Schnitzel aus Lupinen hat einen hohen Eiweißanteil, ist dabei aber frei von Cholesterin, Laktose und Gluten. Da kann ein Schweineschnitzel definitiv nicht mithalten.

Keine Frage, Lupinen sind ein kalorienarmer Fettsatz und können eine kohlenhydratreduzierte Ernährungsweise bestens unterstützen. 100 Gramm haben nur 253 Kalorien. Der Eiweißgehalt liegt bei 42 Gramm. Der Fettanteil beträgt 6 Gramm, und Kohlenhydrate sind nur 5 Gramm enthalten.

Lupineneiweiß ist zwar kein Geschmacksträger wie Fett, hat aber eine ähnliche Beschaffenheit. Das ist der Grund dafür, warum es sich so cremig auf der Zunge anfühlt. Eis aus Lupinen benötigt deshalb keine Zugabe von Milch oder Sahne.

Hinweis: Falls Sie allergisch auf Soja oder Erdnüsse reagieren, ist die Wahrscheinlichkeit hoch, dass dies auch bei Lupinen der Fall sein wird. Deshalb Vorsicht, wenn Sie zum ersten Mal ein Produkt aus Lupinen verzehren.

5. LINSEN

Da sie viele Nährstoffe, aber wenig Kalorien enthalten, sind Linsen aus der gesundheitsbewussten Ernährung nicht wegzudenken. Ursprünglich kommen sie aus Vorderasien, wo sie seit mehr als 8.000 Jahren angebaut werden. Doch auch hierzulande zählen sie schon lange mit zu den wichtigsten und gängigsten Hülsenfrüchten.

Linsen sind besonders gesund, da sie sehr reich an Nähr- und Vitalstoffen sind. Nicht nur deshalb sind sie längst in der Trend-Küche angekommen. Es gibt sie in vielen verschiedenen Sorten – so z. B. als braune Tellerlinsen, als schwarze Beluga-Linsen, als grüne Linsen und als geschälte gelbe oder rote Linsen. Ungeschälte Linsen müssen vor der Weiterverarbeitung über längere Zeit eingeweicht werden, aber das ist durchaus von Nutzen, denn in der Schale verbergen sich viele gesunde Ballaststoffe.

Linsen überzeugen vor allem durch ihren niedrigen Fett- und Kalorienanteil. In 100 Gramm sind gerade einmal 270 Kalorien und nur 1,5 Gramm Fett enthalten. Da können Nudeln oder Reis nicht ansatzweise mithalten. Linsen enthalten zudem 23,5 Gramm Eiweiß und sind damit der perfekte Proteinlieferant für Vegetarier. Ihr Anteil an Kohlenhydraten liegt bei 40,6 Gramm. Das macht sie zu echten Sattmachern. Ansonsten stecken auch noch 11 Gramm Ballaststoffe in ihnen. Damit ist bereits ein Drittel des täglichen Bedarfs gedeckt.

Und auch Vitamine und Mineralstoffe sind reichlich enthalten – z. B. Zink, Phosphor, Calcium, Magnesium und Kalium. Besonders wichtige Inhaltsstoffe sind aber auch verschiedene B-Vitamine und Eisen, welche besonders gut für das vegetative Nervensystem sind. Um eventuellem Eisenmangel entgegenzuwirken, sind Linsen ebenfalls sehr empfehlenswert.

Wenn Sie Ihr Gewicht halten oder reduzieren wollen, sind Linsen ein echter Geheimtipp, denn durch den hohen Anteil an Ballaststoffen und komplexen Kohlenhydraten, bleiben Sie lange satt und Ihr Blutzuckerspiegel lange konstant. So bekommt Heißhunger keine Chance. Der Verzehr von Linsen ist außerdem nachweislich gut für Ihr Herz. Nur 60 Gramm täglich senken den „schlechten" LDL-Cholesterin-Spiegel und erhöhen den „guten" HDL-Cholesterinspiegel. Da Linsen ferner eine optimale Quelle für Folsäure sind, ist davon auszugehen, dass sie die Zunahme von überschüssigem Homocystein im Körper verhindern können. Und das kann wiederum dem Risiko von Herzleiden vorbeugen.

Kein Wunder, dass Linsen aktuell eine kulinarische Wiedergeburt erleben und in immer mehr Gerichten enthalten sind. Beim Grillen sind es speziell die unterschiedlichsten Burger, die immer mehr an Beliebtheit gewinnen, aber auch in Salaten schmecken Linsen ganz hervorragend.

6. KICHERERBSEN

Ihren Ursprung haben sie in Asien, doch während der Antike gelangten sie über Indien und Nordafrika bis nach Rom. Wie Unkraut wachsen sie bis heute in Teilen Südeuropas und im Orient. Professionell angebaut werden sie hingegen in Indien, Pakistan, Nordafrika, Spanien, der Türkei und einigen anderen Ländern. Ihr Name bringt einen zum Lächeln, doch das Allerbeste an ihnen ist, dass sie erstens superlecker schmecken und zweitens außerordentlich gesund sind. Nicht nur Vegetarier und Figurbewusste lieben sie. Kichererbsen zählen generell zu den beliebtesten Hülsenfrüchten. Und das aus gutem Grund, denn sie können in vielerlei Hinsicht punkten.
Unter anderem versorgen sie den Körper ohne Probleme mit ausreichend Proteinen. 100 Gramm getrocknete Kichererbsen enthalten sage und schreibe 20 Gramm Eiweiß, und jene aus der Dose auch immerhin noch 7 Gramm. An diese beachtlichen Werte kommt so manches tierische Produkt nicht

heran. Des Weiteren sind sie ein Toplieferant für Magnesium. Etwa 130 Milligramm verstecken sich in 100 Gramm getrockneten Kichererbsen. Die aus der Dose enthalten akzeptable 44 Milligramm. Für Muskeln und Nerven ist das optimal. Da Kichererbsen nachweislich den Blutzuckerspiegel ausbalancieren, schützen sie automatisch vor Heißhungerattacken. Denn durch ihren hohen Ballaststoffgehalt sind sie sehr sättigend und regulieren dadurch den Glukosegehalt im Blut. Ebenso wirken Kichererbsen gegen Eisenmangel, was besonders für Vegetarier und Veganer von Bedeutung ist. 6 Milligramm Eisen sind in getrockneten Kichererbsen verborgen. Die aus der Dose kommen auf 2,2 Milligramm, was immer noch verhältnismäßig viel ist. Zum Vergleich: Schweinefleisch enthält nur 0,9 Milligramm Eisen.

Da 124 Milligramm Calcium und 332 Milligramm Phosphor in ihnen stecken, festigen Kichererbsen außerdem unsere Knochen und Zähne. Und selbst als Anti-Aging-Produkt sind sie vorbildlich, denn mit 3 Milligramm Vitamin E-Gehalt beugen sie Alterserscheinungen der Haut vor und schützen die Körperzellen vor negativen Einflüssen durch freie Radikale. Aber Kichererbsen sind natürlich auch kulinarisch absolut vielseitig. Ob gegart oder aus dem Glas, mit Kichererbsen lassen sich u. a. tolle Salate kreieren, die obendrein auch noch richtig satt machen. In Suppen und Eintöpfen schmecken sie ebenfalls ganz hervorragend, und als Brotaufstrich in pürierter Form sowieso. Was ihre CO_2-BILANZ betrifft, so befinden sie sich im Mittelfeld. Ihr Emissionswert liegt durchschnittlich bei 195 Gramm pro 100 Gramm.

In vielen Ländern spielen Kichererbsen eine wichtige Rolle als preisgünstiges und sehr nahrhaftes Grundnahrungsmittel, das enorm vielseitig einsetzbar ist. In Griechenland verzehrt man sie am liebsten als gerösteten Snack, in Italien vorzugsweise als pikanten Brei. Im Orient - und inzwischen auch bei uns – kennt man sie als Falafel-Bällchen, und in Spanien werden leckere Eintöpfe aus ihnen gezaubert.

Meistens sind es die großen, gelblichen Kichererbsen, die bei uns im Handel erhältlich sind. Sie stammen aus Mittel- oder Südamerika, aus den arabischen Ländern oder aus der Mittelmeerregion. Es gibt allerdings auch eine kleinere, dunklere Variante, die in Australien, Asien und Afrika angebaut wird, aber kaum exportiert wird. Deshalb sind sie auch nur sehr selten in unseren Biomärkten zu finden. Der Geschmack der Hülsenfrüchte mit dem lustigen Namen lässt sich am ehesten als mild und nussig beschreiben.

Funfact: Die Namensgebung der Kichererbsen hat ihren Ursprung im Lateinischen. Das Wort „Kicher" stammt nämlich von „cicer" ab, was übersetzt Erbse bedeutet. Daraus wurde im Althochdeutschen „Kihhira", woraus heute „Kicher" geworden ist. Wenn man es also ganz genau nimmt, müsste es nicht Kicher-Erbse, sondern vielmehr Erbse-Erbse heißen.

7. GRÜNKERN

Hierbei handelt es sich um halbreif geerntetes Dinkelkorn. Gleich nach der Ernte wird es getrocknet und geröstet, sodass es lange haltbar bleibt. Grünkernschrot und Grünkerngrieß bilden eine optimale Grundlage für viele vegetarische Gerichte - z. B. für Bratlinge oder Frikadellen. Aber auch als Füllung von Zucchini, Paprika oder Kohlrouladen ist Grünkern perfekt geeignet. Kaufen kann man Grünkern fast überall, d. h. in Biomärkten und Reformhäusern, aber mittlerweile auch bei vielen Discountern. Wenn es in der Küche mal schnell gehen soll, sind fertig gewürzte Grünkernmischungen sehr praktisch.

Grünkern ist das perfekte Getreide für Vegetarier und Veganer, denn er ist vor allem eins: gesund! Er enthält zahlreiche gehaltvolle Inhaltsstoffe und lässt sich auf vielfältigste Weise zubereiten. Da er vorzeitig geerntet wird, ist sein Stärkegehalt noch relativ gering, und das einzelne Korn ist noch weich und saftigfrisch. Nach dem Trocknen und Rösten bekommt das Korn einen kräftigen, nussähnlichen Geschmack.

Alles in allem ist Grünkern ein besonders bekömmlicher Fleischersatz. Doch er überzeugt auch durch seine guten Inhaltsstoffe. So stecken z. B. viele B-Vitamine in ihm, die besonders für das vegetative Nervensystem sind. Speziell für Vegetarier ist aber der hohe Eiweißgehalt von 10,8 Gramm von Bedeutung. Das Gleiche gilt für den beträchtlichen Eisenanteil. Dieser liegt bei 4 Milligramm pro 100 Gramm. Wer Gluten nicht verträgt, sollte bei Grünkern allerdings vorsichtig sein.

Kaufen kann man Grünkern entweder als Korn oder als Schrot und Mehl. Letzteres sollte aber nach Möglichkeit schnell verbraucht werden, da es leicht verdirbt. Und auch wenn es im Handel zahlreiche Fertigmischungen auf Grünkern-Basis gibt, ist die bessere Wahl immer noch das naturreine Getreide, das frisch verarbeitet wird.

Hier eine kurze Anleitung, wie das geht: Zunächst sollten Sie den Grünkern gut abspülen. Dann wird er mit der doppelten Menge Wasser bei starker Hitze für 10 Minuten gekocht. Im Anschluss lassen Sie das Ganze abgedeckt bei kleiner Hitze für ca. 30 bis 40 Minuten ziehen. Es ist aber auch möglich, dass Sie den Grünkern in kaltem Wasser über Nacht quellen lassen und dann am nächsten Tag für ca. 10 bis 15 Minuten im selben Wasser aufkochen.

Die Verwendung von Grünkern ist eine wirklich tolle Sache, denn man kann aus ihm unendlich viele verschiedene Gerichte kreieren. Ob als köstliches Risotto oder nur als leckere Beilage – Grünkern ist immer eine gute Altnative zu Reis oder Hirse. Selbst in Suppen oder Eintöpfen ist er eine ideale Zugabe.

Wegen seines hohen Glutengehalts eignet sich Grünkernmehl auch ganz hervorragend zum Backen. Es lässt sich bestens mit anderen Mehlsorten mischen und macht den Teig wunderbar locker. Grünkern ist ohne Frage unglaublich abwechslungsreich einsetzbar. Auch in puncto Grillen hat er viel Potenzial.

8. JACKFRUIT

Dieser Fleischersatz liegt aktuell voll im Trend. Und das völlig zu Recht! Doch was genau ist die Jackfruit denn eigentlich? Tatsächlich eine Frucht? Ja. Sie zählt zur Gattung der Maubeergewächse und kommt aus Südostasien. Aber auch in der Karibik, in Australien und Südamerika ist sie inzwischen zu Hause und wird dort in vielfältiger Weise zubereitet. Allein wegen ihres außergewöhnlichen Geschmacks in diesen Ländern sehr gefragt. In manchen Teilen Indiens glaubt man indessen, dass sie neben der Mango und der Banane eine Glück verheißende Frucht ist. In Kerala ist sie sogar Landes- und Symbolfrucht. Man geht davon aus, dass die Jackfruit bereits seit mindestens 3.000 Jahren in Indien angepflanzt wird und dort seit jeher eine wichtige Bedeutung als Lebensmittel einnimmt.

Die Jackfruit ist eine Baumfrucht und kann bis zu 15 kg schwer werden. Damit ist sie die größte und schwerste Baumfrucht der Welt. Bis zu drei Tonnen Früchte kann ein einziger Jackfruitbaum im Jahr hervorbringen. Und wie bei Kokosnüssen werden Jackfruits direkt vom Baum geerntet. Ein Jackfruitbaum kann eine Familie ein ganzes Jahr lang ernähren.

Das Einzigartige am Jackfruitbaum ist, dass er sowohl weibliche als auch männliche Blüten trägt, die sich optisch voneinander unterscheiden. Blütezeit ist immer von Dezember bis März. Nur die weiblichen Blüten wachsen nah am Baumstamm. Aus ihrem Fruchtknoten entwickelt sich später die Jackfruit.

Eine Frucht kann eine Länge von bis zu einem Meter erreichen. Ihr Durchmesser liegt zwischen 15 und 50 Zentimetern. Jackfruits sind Sammelfrüchte, die aus vielen kleineren Fruchteinheiten bestehen. Zusammen bilden diese einen sogenannten Fruchtverband. Die einzelnen Einheiten sind etwa 3 Zentimeter lang, haben einen Durchmesser von bis zu 2 Zentimetern und umfassen den bohnengleichen Samen der Jackfruit, welcher von festem, gelblichem Fruchtfleisch umhüllt ist.

Die Jackfruit ist vielseitig einsetzbar, sehr lecker und vor allem nahrhaft. Sie hat nur wenige Kalorien, steckt aber voller gesunder Mineral- und Ballaststoffe. Deshalb eignet sie sich bestens für eine Low-Carb-Ernährung. 100 Gramm haben nur 50 Kalorien. Zudem ist die Jackfruit ein super Vitamin C-Lieferant. In 100 Gramm sind 13 Milligramm davon enthalten. In ihren Anbauländern ist sie ein wichtiges Grundnahrungsmittel und gleichsam eine gesunde Alternative zu Reis.

Vor allem der Geschmack der Jackfruit ist außergewöhnlich. Als reife Frucht schmeckt sie nach Banane und Ananas, als junge Frucht eher nach Artischocke, wobei das Fruchtfleisch eine ziemlich faserige Struktur aufweist. Da die reife Jackfruit ein sehr fruchtiges Aroma hat, lassen sich perfekt Gelee, Marmelade, Süßspeisen oder Eis daraus herstellen. Aber auch getrocknete und leicht gesalzene Snacks aus der reifen Jackfruit sind sehr köstlich.

Der Jackfruitbaum ist ein echtes Phänomen. Nicht nur, dass er jedes Jahr tonnenweise Früchte hervorbringt, er ist obendrein auch noch extrem widerstandsfähig gegenüber Hitze und Dürre.

Deshalb sichert er in seinen Anbauländern eine stets ergiebige und zuverlässige Grundversorgung und ist die wohl wichtigste Einnahmequelle für die Bevölkerung.

In der vegetarisch-veganen Ernährung sorgt die Jackfruit für echten Hochgenuss. Aus Jackfruit-Fruchtfleisch lassen sich beispielsweise viele bekannte Hühnchen-Gerichte nachahmen. Probieren Sie es aus. Sie werden kaum einen Unterschied herausschmecken.

Wegen ihres neutralen Aromas kann die Jackfruit in so ziemlich jedem Gericht verwendet werden. Außerdem nimmt sie jeden Würzstoff unglaublich gut in sich auf. Von daher ist sie auch wunderbar für Grill-Rezepte geeignet. Ob als Curry, Burger oder Veggie Balls – aus Jackfruit lässt sich nahezu alles zubereiten. Selbst Chips aus Jackfruit sind ein geniales Geschmackserlebnis.

Hinweis: Weil sie von außen ähnlich aussieht, wird die Jackfruit häufig mit der Durianfrucht verwechselt. Die beiden Früchte unterscheiden sich jedoch sonst sehr voneinander. Durian, auch als Stinkfrucht bekannt, weist beim Öffnen einen extrem gewöhnungsbedürftigen Geruch auf. Das ist bei der Jackfruit überhaupt nicht der Fall. Auch geschmacklich sind die beiden Früchte sehr unterschiedlich.

Und wie sieht es mit der Ökobilanz aus? In diesem Punkt kann die Jackfruit nicht so ganz überzeugen. Da sie aus dem Ausland importiert wird, kann sie in Sachen CO_2-Emissionen bei Weitem nicht mit unseren heimischen Obst- und Gemüsesorten mithalten. Aber immerhin: Verglichen mit der Ökobilanz von Fleisch schneidet sie recht gut ab.

9. PILZE

Kaum zu glauben, aber auch Pilze sind ein toller, natürlicher Ersatz für Fleisch. Seit einiger Zeit finden Sie immer mehr Anklang und Verwendung in der vegetarischen Ernährung. Sie sind zudem auch eine gesunde Alternative zu vegetarischen Fertigprodukten, die es mittlerweile in großer Auswahl in jedem Supermarkt gibt. Wer es also lieber natürlich und nahrhaft mag, der entscheidet sich für Pilze.

Neben den Tieren und den Pflanzen gibt es eine dritte Lebensform, und zwar die der Pilze. Sie bilden quasi eine Gattung für sich. Wie Pflanzen sind sie an einen Standort gebunden, und wie Tiere ernähren sie sich von organischen Substanzen. Ansonsten haben sie nicht allzu viel mit dem Tier- und Pflanzenreich gemein.

Werden Pilze kulinarisch verwendet, so entwickelt sich der beste Geschmack, wenn sie in Öl angebraten werden. Dann kommen sie dem Aroma von Fleisch ziemlich nah. Ganz wesentlich dabei ist, dass die Pilze vorher nicht mit Wasser gereinigt werden dürfen, sondern in trockenem Zustand abgewischt werden. Ebenso wichtig: die Pilze erst nach dem Braten salzen.

Folgende Pilzsorten eignen sich perfekt für fleischlose Grill-Gerichte:

Champignons: Diese dürfte wohl jeder kennen. Sie sind hierzulande mit die beliebtesten und am häufigsten verwendeten Pilze überhaupt. Mit ihrem milden, nussigen Geschmack sind sie ein vorzüglicher Ersatz für tierische Produkte und lassen sich in vielfältiger Weise zu köstlichen Speisen verarbeiten. Aus marinierten Riesenchampignons der Sorte „Portobello" können Sie z. B. leckere Burger herstellen, die nicht nur in der Pfanne, sondern garantiert auch auf dem Grill gelingen werden.

Austernpilze: Sie gibt es inzwischen in fast jedem Biomarkt und auch in den meisten Supermärkten. Sie schmecken genauso gut wie Champignons, haben aber ein etwas kräftigeres Aroma und eine festere Konsistenz. Der Geschmack erinnert ein wenig an Kalbfleisch. Scharf angebraten und mit etwas Pfeffer verfeinert, sind sie ein Hochgenuss. Austernpilze sind sehr eiweißreich und versorgen den Körper mit wertvollen Aminosäuren. Ihr Vitamin B-Gehalt sorgt ferner für gute Laune.

Kräuterseitlinge: Diese feinen Pilze sind ein Geheimtipp unter Pilzkennern. Geschmacklich erinnern sie an Steinpilze, aber im Unterschied zu diesen Edelpilzen sind Kräuterseitlinge ganzjährig erhältlich und preislich wesentlich günstiger. Sie sind mit den Austernpilzen verwandt und schmecken angebraten sehr fleischähnlich. Davon abgesehen sind sie ein wahres Fest für alle figur- und gesundheitsbewusste Menschen, denn sie sind lecker, kalorienarm und nahezu fettfrei. Stattdessen enthalten sie viel Vitamin B3 und B5 sowie Eiweiß. Nicht nur für Vegetarier sind Kräuterseitlinge das ideale Lebensmittel.

Abgesehen von diesen drei Pilzarten gibt es natürlich noch viele weitere Pilze, die sich bestens zum Kochen und Grillen eignen. **Tipp:** Schauen Sie diesbezüglich doch mal im nächstgelegenen Asia-Laden vorbei.

Wenn Sie Pilze in Ihren Speiseplan integrieren, können Sie sämtliche Geschmacksverstärker aus Ihrer Küche verbannen. Denn mit der Verwendung von Pilzen erzielen Sie immer einen delikaten Röst-Geschmack. Dies schafft kein künstlich hergestelltes Lebensmittel. Nicht bei allen Pilzsorten entsteht jedoch das unverkennbare Fleischaroma. Aber das muss es ja auch nicht. Ein bisher unbekannter Geschmack kann schließlich genauso reizvoll sein.

10. ALGEN

Zu einer gesunden Ernährung gehören inzwischen auch Algen. Das bekömmliche Superfood kommt meist in Sushi, Suppen oder Salaten zum Einsatz, doch auch in vielen anderen Gerichten lässt es sich wunderbar einbeziehen. Das Gemüse des Meeres, wie es oft bezeichnet wird, steckt voller essentieller Nährstoffe und passt optimal zu einer vegetarischen Ernährung. Doch Vorsicht: Speziell getrocknete Algen haben oft einen zu hohen Jodgehalt. Vor dem Kauf also am besten immer genau die Inhaltsstoffe prüfen.
Ansonsten sind Algen jedoch ausgesprochen gehaltvoll. Mineralstoffe wie Kalzium, Eisen und Magnesium sind reichlich enthalten. Manche Algenarten, wie z. B. die Nori-Rotalgen, sind außerdem reich an Omega-3-Fettsäuren, welche den Stoffwechsel regulieren und entzündungshemmend wirken. Stattdessen hat die Dulse-Alge, die auch als Lappentang bekannt ist, einen sehr hohen Vitamin C-Anteil. Zusätzlich enthalten Algen viel Eiweiß und Vitamin B12, was für die vegetarische Ernährung auch besonders wichtig ist.

Erstaunlicherweise ist die Proteinmenge von Algen höher als die in einem Ei oder Schnitzel. Wertvolles Vitamin B12, das normalerweise nur in tierischen Produkten vorkommt, ist ebenfalls reichlich in Algen vorhanden, was sich nicht nur positiv auf den Stoffwechsel auswirkt, sondern auch die Blutbildung und Zellteilung im Körper anregt.

Kaufen können Sie Algen vornehmlich in getrockneter Form in vielen Asia-Märkten und in gut sortierten Bio-Läden. Aber auch online sind sie erhältlich.

Wichtig: Bevor Sie Algen für ein gewünschtes Gericht verwenden können, müssen Sie sie vorab einweichen. Bei manchen Sorten reichen schon wenige Minuten. Bei anderen dauert es mehrere Stunden.

Aus der sogenannten Kombu-Alge lässt sich hervorragend Brühe oder Pesto machen. Aber es geht auch ausgefallener. Wie wäre es z. B. mit einer selbstgebackenen Algentorte oder Seemannsbrot? Eine weitere Empfehlung wäre Meeres-Aioli. Reissalat mit Hijiki-Algen ist ebenfalls ein kulinarischer Traum. Die Verwendungsmöglichkeiten von Algen sind unerschöpflich. Sie lassen sich garen, dämpfen, in Essig einlegen und noch vieles mehr. Der besondere Vorteil von getrockneten Algen besteht darin, dass sie, wenn sie trocken gelagert werden, mehrere Jahre haltbar sind.

Frische Algen sind bislang leider nur selten im Handel erhältlich. Man bekommt sie nur in ausgewählten Asia-Shops oder online. Wünschenswert wäre es auf jeden Fall, wenn es zukünftig auch Algen aus nachhaltigem Anbau von den europäischen Küsten geben würde. Denn soviel ist sicher: Algen liegen voll im Trend.

Ein paar zusätzliche Fakten über die beliebtesten Algen-Arten

Nori: Diese Meeresalge kommt vor allem bei der Zubereitung von Sushi zum Einsatz. Man erkennt sie an ihrer papierähnlichen Struktur. Mit ihr lassen sich z. B. auch Suppen und Salate würzen und verfeinern. Ihre Konsistenz ist recht knusprig, und vom Geschmack her ist sie mild und leicht süß. Anders als bei anderen Meeresalgen ist ihr Jod-Gehalt eher gering. Stattdessen ist in Nori viel Vitamin A, B1, B2, Niacin und Vitamin C enthalten.

Kombu: Hierbei handelt es sich um verzehrbaren Seetang bzw. Seekohl. Da er im Gegensatz zu Nori einen ziemlich hohen Jod-Gehalt aufweist, sollte er sehr maßvoll gegessen werden. Er wird gerne dem Kochwasser von Sushi-Reis hinzugefügt, um diesem ein besseres Aroma zu verleihen. Süßsauer zubereitet oder als Snack ist er aber auch ein echter Genuss.

Wakame: Diese Alge schmeckt wunderbar nach Meer und hat eine knackige Konsistenz. Sie ist roh oder gegart einsetzbar. In Salaten kombiniert man sie am besten mit Gurken oder grünen Blattsalaten. Im asiatischen Raum – und mittlerweile auch bei uns - wird Wakame häufig in der bekannten Miso-Suppe serviert. Doch auch als Gemüse ist diese Alge sehr wohlschmeckend. Zermahlen wird aus ihr ein leckeres Gewürz, das reich an Mineralstoffen ist.

Hijiki: Dies sind Braunalgen, welche in Japan als Delikatesse gelten. Sie haben eine relativ feste Konsistenz und ein intensives Aroma. Hijiki enthalten ca. 10 Prozent Eiweiß, 50 Prozent Kohlenhydrate und ungefähr 1 Prozent Fett. Allein das macht sie zu einem sehr gesunden Lebensmittel. Außerdem sind sie reich an Ballaststoffen und enthalten viele Mineralstoffe. Auch Vitamine sind reichlich enthalten. Verwendung finden sie u. a. als Beigabe in Suppen oder Salaten.

10 geniale Grill-Hacks

Im Frühjahr und im Sommer hat das Grillen Hochkonjunktur. Echte Grillprofis wagen sich aber auch im Spätherbst oder zu Weihnachten an das heiße Rost. Was zu jeder Jahreszeit hilfreich ist, sind Hacks, die das Grillen noch perfekter machen. Nachfolgend zehn geniale und erprobte Beispiele.

10 GRILL HACKS

1. Rosmarin statt Metallspieße

Sie möchten Ihr Grillgut noch etwas mehr Würze verleihen? Kein Problem! Verwenden Sie statt Metallspießen einfach Rosmarinzweige. Dafür das gewählte Grillgut wie z. B. Gemüsestücke oder vegetarische Fleischalternativen nur mit einem Spieß vorbohren und anschließend die Stücke auf Rosmarinzweige stecken. Das ist superlecker und sieht obendrein auch noch ansprechend aus. Das Auge isst schließlich immer mit.

2. Muffinblech als Snackbar oder für Dips

Was beim Grillen nicht fehlen darf, sind Gemüsesticks, Dips, Soßen und andere Grillzugaben. Diese lassen sich prima in einem Muffinblech unterbringen. Einfach die Mulden mit allem füllen, was zu Ihrem Grillgut passt, und schon haben Sie eine tolle Servierplatte. Wenn Sie vorab noch Muffinförmchen aus Papier in die Mulden legen, ist die Reinigung des Blechs später das reinste Kinderspiel.

3. Eierkarton als Grillanzünder

Für den Fall, dass Sie keine Grillanzünder mehr im Haus haben, gibt es eine simple Lösung. Nehmen Sie einen Eierkarton und legen Sie in jedes Fach ein wenig Altpapier und ein paar Wollmäuse aus dem Trockner oder Staubsauger. Danach das Ganze mit flüssigem Wachs übergießen. Wichtig dabei: eine kleine Stelle freilassen, damit Sie später eine Möglichkeit zum Anzünden haben. Sobald alles getrocknet ist, können Sie den Eierkarton zerschneiden, und voilà: Schon haben Sie je Fach einen Grillanzünder.

4. Die perfekt gebräunte Bratwurst

Sicher kennen Sie das auch: Ihre Brat- bzw. Pflanzenwurst ist top gebräunt, aber leider nur in der Mitte. Die beiden Enden sind hell geblieben. Und manchmal ist selbst die Mitte nicht gleichmäßig braun geworden. Das liegt an der Krümmung der Bratwurst. Damit sie überall gleich braun wird, gibt es einen effektiven Trick: Spießen Sie Ihre Bratwurst längs auf einen Holzspieß, sodass sie gerade ist. Nun wird sie rundherum gebräunt.

5. Garantiert saftige Burger

Burger werden beim Grillen schnell trocken und schmecken dann nicht mehr saftig. Dank einer einfachen Methode lässt sich das aber vermeiden. Gehen Sie deshalb wie folgt vor: Drücken Sie mit dem Finger ein Loch in Ihren Burger-Patty und legen Sie anschließend einen Eiswürfel in das Loch. Während Ihr Burger nun auf dem Grill vor sich hin brutzelt, schmilzt der Eiswürfel, und der Burger saugt sich mit Wasser voll. Sobald der Burger gut durchgebräunt ist, können Sie ihn wenden und die andere Seite braten. Danach nur noch ordentlich würzen und fertig ist der perfekte Burger.

6. Wie der Grillrost wieder blitzblank wird

Damit Ihr Grillrost wieder auf Hochglanz kommt, bedarf es der richtigen Utensilien: Stahlwolle, Lappen, Spülschwamm, Schaber sowie Scheuermilch. Letztere lässt sich aber auch durch Kaffeesatz oder Backpulver ersetzen. Und so geht's: Erst den Rost einweichen, dann den Schmutz mit einem Lappen und Kaffeesatz schrubben oder eine Paste aus Backpulver und Wasser auf den Rost auftragen. So wird Ihr Grillrost ganz ohne Chemie wieder sauber.

Diesbezüglich noch ein Tipp für spontane Grillabende: Es hilft, den Rost vorab mit etwas Öl einzureiben. So können Sie nach dem Grillen hartnäckige Verkrustungen vermeiden und sonstige Rückstände leichter lösen.

7. Der Gasflaschentest

Falls Sie sich nicht sicher sind, ob Sie noch genug Gas zum Grillen haben, können Sie auf einfachem Wege feststellen, wie hoch der Füllstand der Gasflasche ist. Kippen Sie die Gasflasche zunächst auf die Seite und schütten Sie dann heißes Wasser darüber. Wenn sich das Metall der Flasche kalt anfühlt, befindet sich noch ausreichend Gas darin. Wird bzw. bleibt das Metall warm, ist die Flasche leer.

8. Noch ein Burger-Trick

Abgesehen von der Eiswürfel-Methode gibt es noch eine andere Möglichkeit, richtig saftige Burger hinzubekommen. Sofern Sie Ihren Burger nicht fertig kaufen, sondern selbst zubereiten, sollten Sie ein wenig Mayonnaise untermischen. Dies verhindert das Austrocknen und sorgt für supersaftige Burger.

9. Gegrillte Zitronen

Es klingt vielleicht ein bisschen seltsam, aber Zitronen sind nicht nur eine bewährte Grillzugabe auf Ihrem Grillgut, sie lassen sich auch selbst ganz wunderbar grillen. Das Aroma, das während des Grillvorgangs entsteht, ist einzigartig und schmeckt hervorragend in Limonaden oder Drinks. Es lohnt sich eindeutig, diese erfrischende und fruchtige Gaumenfreude mit dem gewissen Etwas einmal auszuprobieren.

10. Geheimwaffe Ahornsirup

Grillgut aller Art schmeckt immer noch am besten, wenn es innen saftig und außen knusprig ist. Dies erreichen Sie am besten dadurch, dass Sie es erst nah über die Glut legen und kurz angrillen. Sobald es eine gewisse Bräune erreicht hat, sollten Sie Ihr Grillgut jedoch nur indirekt weitergrillen. Bestreichen Sie es jetzt hauchdünn mit Ahornsirup. Dieser karamellisiert es leicht und macht es schön kross. Der Geschmack des Grillguts ändert sich dadurch kaum. Allenfalls werden Sie eine ganz geringe süße Note herausschmecken, aber das macht das Ganze umso interessanter und vor allem noch delikater.

Es kann losgehen!

Denn endlich ist Grillzeit. Während die Tage immer länger, heller und wärmer werden, freut man sich auch schon auf die lauen und relaxten Abende im Freien. Mit der Familie oder mit Freunden eine Grillparty zu erleben, ist jetzt das Größte. Doch bevor das Event starten kann, muss erst noch vieles organisiert und vorbereitet werden. Deshalb hier noch ein paar Tipps und eine Checkliste.

Wenn Sie eine Grillparty planen, müssen Sie sich als Erstes Gedanken über einen passenden Termin und einen geeigneten Ort machen. Am optimalsten ist es natürlich am Wochenende im eigenen Garten oder im Innenhof Ihres Hauses. Aber auch ein schöner Park kann eine tolle Location sein. Informieren Sie Ihre Gäste rechtzeitig darüber, wann die Grillparty starten soll. Sofern diese bei Ihnen zu Hause stattfindet, geben Sie auch Ihren Nachbarn Bescheid, dass Sie ein Grillevent planen. Denn höchstwahrscheinlich wird es doch ein bisschen lauter zugehen. Oder besser noch: Laden Sie Ihre Nachbarn gleich mit ein. Das Zweitwichtigste dürfte der Grill sein. Achten Sie darauf, dass er groß genug ist, um alle Gäste verköstigen zu können. Ebenso sollten Sie für ausreichend Brennmaterial sorgen. Es wäre doch schade, wenn der Grillabend mangels Holzkohle oder Briketts vorzeitig zu Ende gehen müsste. Auch das sonstige Equipment sollten Sie vorab eingehend überprüfen. Eine Checkliste hilft Ihnen dabei, nichts zu vergessen.

Damit alle eingeladenen Gäste auch satt werden, sollten Sie eine gut bemessene Einkaufsliste erstellen. Versuchen Sie außerdem schon im Vorfeld zu klären, ob Ihre Gäste bestimmte Vorlieben oder gegebenenfalls auch Lebensmittelallergien haben. Speziell Salate und Beilagen müssen zeitnah vor- bzw. zubereitet werden. Dips und Marinaden schmecken hingegen am besten, wenn sie zuvor längere Zeit ziehen konnten. Fehlen nur noch ausreichend Sitzgelegenheiten für alle Gäste und ein paar schöne Deko-Elemente. Eine tolle Wohlfühlatmosphäre schaffen Sie z. B. mit Lichterketten, Lampions oder Fackeln.

CHECKLISTE FÜR IHRE GRILLPARTY

Allgemeines:

Ort und Termin festlegen
Gäste einladen
Deko-Ideen überlegen
Ausweich-Location bei schlechtem Wetter einplanen
Nachbarn informieren bzw. einladen
Grillgut und Getränke kalkulieren

Equipment:

Grill
Grillrost
Grillkohle und/oder Briketts
Grillanzünder
Grillschalen
Grillzange
Handschuhe
Schürze
Tisch(e) und Sitzmöglichkeiten
Gartenstuhl-Auflagen oder Sitzkissen
Tischdecke
Servietten
    Teller, Besteck, Gläser
        Salatschalen inkl. Salatbesteck

Flaschenöffner und Korkenzieher
Feuerzeug bzw. Streichhölzer
Decken, falls es abkühlt

Essen/ Getränke:

Grillgut
Grillkäse
Salate
Kartoffeln
Gemüse
Baguette, Brötchen, Fladenbrot
Grillsaucen
Kräuterbutter
Marinaden
Obst für süße Grillspeisen
Wein
Bier
Säfte
Softgetränke
Wasser
Bowle
Cocktails

Deko-Ideen:

stylische Tischdecken und Tischsets
passende Servietten
Trinkhalme aus Glas oder Metall

kleine Schalen für Dips und Saucen
ausgehöhlte Früchte als Schale (z. B. Melone oder Ananas)
ausgefallene Eiswürfel
Kerzen
Kerzenhalter (z. B. aus Flaschen)
Fackeln
Lampions
Lichterketten
Girlanden
Feuerschale

Alles parat? Dann fehlen nur noch die passenden Grill-Rezepte. Diese finden Sie nachfolgend. Lassen Sie sich inspirieren!

Wichtiger Hinweis: Die Gerichte in diesem Buch sind für je 2 Personen gedacht. Falls Sie für mehr Personen grillen möchten, müssen Sie die Mengenangaben entsprechend anpassen.

REZEPTE
SCHNELL & EINFACH

1. GEGRILLTER SPARGEL FRUCHTIG KOMBINIERT

Vorbereitungszeit: 10 Minuten | Zubereitungszeit: 15 Minuten | Schwierigkeitsgrad: leicht

Zutaten:
500 g grüner Spargel
2 Knoblauchzehen
2 Bio Orangen
3 EL Balsamico Creme
Meersalz
3 EL geriebener Parmesan
Olivenöl

Zubereitung:

Als Erstes die Knoblauchzehen fein hacken und mit der abgeriebenen Schale der Orangen mischen. Dann den Saft der Orangen, die Balsamico Creme und den Parmesan hinzufügen. Mit etwas Salz abschmecken.

Den frischen grünen Spargel waschen und danach mit etwas Öl bepinseln oder besprühen. Nur wenig salzen.

Auf dem Grill eine Zone mit einer Temperatur von ca. 180 Grad einrichten. Dort die Orangensauce in einer hitzebeständigen Schale auf dem Grillrost platzieren und sie vor sich hin köcheln lassen.

Den Spargel ebenfalls auf den Grillrost legen und ihn etwa 15 Minuten rösten. Damit er nicht anbrennt und gleichmäßig gar wird, unbedingt darauf achten, ihn hin und wieder zu wenden.
Den fertig gegrillten Spargel mit der Orangensauce übergießen und servieren.

Tipp: Dazu passt prima gegrillter Käse.

2. TOFU-PHYSALIS-SPIEßE

Vorbereitungszeit: 130 Minuten | Zubereitungszeit: 15 Minuten | Schwierigkeitsgrad: leicht

Zutaten:
200 g Naturtofu
½ Stück Ingwer (ca. 2 cm)
2 ½ EL Sojasauce
½ rote Chili
3 EL Zitronensaft
1 EL Pflanzenöl
4 Frühlingszwiebeln
50 g Physalis
1 ½ EL Reisessig

Zubehör: 4 große, gewässerte Holzspieße

Zubereitung:

Zunächst den Tofu in Küchenkrepp einwickeln und auf einen Teller legen. Zum Beschweren einen zweiten Teller und ein dickes Buch für 10 Minuten darauflegen. So wird die Flüssigkeit herausgedrückt. Anschließend den Tofu in etwa 2 cm große Würfel schneiden.

Nun das Ingwer-Stück schälen und reiben und die Chili entkernen und fein hacken. Vermengen Sie beides mit der Sojasauce, dem Zitronensaft und dem Reisessig. Geben Sie die Tofuwürfel dazu und vermischen sie alles miteinander. Das Ganze muss etwa 2 Stunden ziehen.

Die Physalis-Blätter entfernen und die Früchte mit kaltem Wasser reinigen. Die Frühlingszwiebeln ebenfalls reinigen und in ca. 2 cm große Stücke schneiden.

Die marinierten Tofuwürfel trockentupfen. Die übriggebliebene Marinade für später aufbewahren. Im Wechsel Tofu, Physalis und Frühlingszwiebeln auf die Holzspieße stecken und für 12-15 Minuten auf den heißen Grillrost legen. Die Spieße zwischendurch mehrmals wenden. Vor dem Verzehr die Spieße noch mit der restlichen Marinade bepinseln.

3. ZUCCHINI-SANDWICH MIT GRUYÈRE

Vorbereitungszeit: 25 Minuten | Zubereitungszeit: 10 Minuten | Schwierigkeitsgrad: leicht

Zutaten:
4 große Toastscheiben
1 Zucchini
5 EL Olivenöl
120 g Gruyère
1 Knoblauchzehe
1 TL Paprikapulver
frisches Basilikum
Salz

Zubereitung:

Das frische Basilikum waschen und die einzelnen Blätter von den Stängeln abzupfen. Die Knoblauchzehe schälen und zerhacken. Nun mit dem Stabmixer das Basilikum, den Knoblauch und das Paprikapulver zermahlen. 3 EL Olivenöl hinzufügen und alles fein pürieren. Mit Salz abschmecken. Dann die Masse erst einmal zur Seite stellen.

Die Zucchini waschen, in 4 Längsstreifen schneiden, mit 1 EL Olivenöl einpinseln und ca. 5 Minuten von beiden Seiten in der Grillpfanne grillen. Die Zucchini-Streifen in der Breite halbieren und ebenfalls zur Seite stellen.

Den Gruyère in gleichgroße Scheiben schneiden. Dann die 4 Toastscheiben etwa 1 Minute je Seite auf dem Grill rösten. Zwei Toastscheiben mit der Basilikum-Masse bestreichen und großzügig mit Gruyère und den Zucchini-Stücken belegen. Die anderen beiden Toastscheiben darauflegen und beide Seiten des Sandwiches mit dem restlichen Olivenöl bestreichen.

Die Sandwiches je Seite etwa 4 Minuten grillen, bis der Käse geschmolzen ist und sie außen schön kross geworden sind.

4. GEGRILLTER BROKKOLI

Vorbereitungszeit: 10 Minuten | Zubereitungszeit: 5 Minuten | Schwierigkeitsgrad: leicht

Zutaten:
1 ½ TL grobes Meersalz
250 g Brokkoliröschen
1 EL Olivenöl
½ EL abgeriebene Schale einer Bio-Zitrone
2 ½ EL Parmesan (gerieben)

Zubereitung:

Den Brokkoli in kochendem Salzwasser 3-5 Minuten garen lassen, bis er zart, aber immer noch bissfest ist. Nun den Brokkoli mit einer Schöpfkelle aus dem Kochwasser herausheben und sogleich in Eiswasser eintauchen. Er soll möglichst schnell abkühlen. Danach das Wasser abgießen und den Brokkoli gut abtropfen lassen.

Das Olivenöl, die Zitronenschale und ½ TL Salz gut miteinander vermengen. Anschließend den Brokkoli hinzugeben und in der Mischung schwenken.

Wenn die Grillpfanne vorgeheizt ist (am besten über direkter Hitze bei 180-220 Grad), die einzelnen Brokkoliröschen hineinlegen und diese bei geschlossenem Deckel 4-6 Minuten grillen. Zwischendurch sollten sie gewendet werden. Wenn sie anfangen, braun zu werden, sind die Brokkoliröschen fertig.

Den Brokkoli auf Tellern verteilen, mit geriebenem Parmesan bestreuen und heiß servieren.

5. GRILL-AVOCADO MIT TOMATEN-MIX

Vorbereitungszeit: 10 Minuten | Zubereitungszeit: 7 Minuten | Schwierigkeitsgrad: leicht

Zutaten:
1 Avocado
frischer Korianderzweig
½ Frühlingszwiebel
½ große Tomate
½ EL Olivenöl
¼ Chilischote
½ TL Limettensaft
Salz

Zubereitung:

Die Tomate in zwei Hälften teilen, entkernen und in etwa 1 cm große Würfel schneiden. Die Frühlingszwiebel waschen und den Korianderzweig zupfen. Danach beides zerhacken. Die Chilischote entkernen und auch zerhacken.

Alles mit je einem ½ EL Olivenöl und Limettensaft vermischen und zum Schluss salzen.

Die Avocado halbieren, den Kern herauslösen und mit dem restlichem Olivenöl einpinseln. Beide Avocado-Hälften mit der Schnittseite nach unten 5 Minuten auf dem Rost grillen.

Nun nur noch die fertig gegrillten Avocadohälften mit dem Tomaten-Mix befüllen.

6. ROSMARIN-KARTOFFELN MIT FEIGEN-OLIVEN-FÜLLUNG

Vorbereitungszeit: 20 Minuten | Zubereitungszeit: 20 Minuten | Schwierigkeitsgrad: leicht

Zutaten:
2 große Kartoffeln
20 g Butter
½ Rosmarinzweig
Salz und Pfeffer

Für die Füllung:
150 g getrocknete Feigen
75 g schwarze Oliven
50 ml Wasser
50 ml Rotweinessig
25 g Rohrzucker

Zubereitung:

Die Kartoffeln 15-20 Minuten in Salzwasser kochen, abschütten und kurz abkühlen lassen.

Die Butter in kleine Stücke zerteilen und in eine Grillschale geben. Rosmarinnadeln vom Zweig zupfen und auf der Butter verteilen. Nun die Kartoffeln darauflegen und unter mehrmaligem Wenden ca. 20 Minuten weich grillen.

Für die Füllung die Feigen und Oliven klein würfeln, beides in einen Topf geben und mit Wasser, Rotweinessig und Rohrzucker aufkochen. Danach ca. 15 Minuten köcheln lassen.

Die Hälfte der Masse mit dem Stabmixer fein pürieren, und die andere Hälfte, die eine grobe, gestückelte Konsistenz hat, untermischen. Kurz abkühlen lassen.

Zum Schluss die Feigen-Oliven-Füllung auf den fertig gegarten Rosmarin-Kartoffeln verteilen.

7. GEFÜLLTE CHAMPIGNONS IM MEXICAN STYLE

Vorbereitungszeit: 15 Minuten | Zubereitungszeit: 10 Minuten | Schwierigkeitsgrad: leicht

Zutaten für 10 Stück:
10 Champignons
1 ½ EL Olivenöl
100 ml mexikanische Salsa-Sauce
2 EL Mais
2 EL Kidneybohnen
1 Prise Salz und 1 Prise Pfeffer
1 EL Mehl
70 g geriebener Käse

Zubereitung:

Champignons säubern, Stängel abtrennen und Köpfe aushöhlen. Diese mit Olivenöl bepinseln.

Für die Füllung die Salsa-Sauce, den Mais und die Kidneybohnen in eine Schüssel geben. Alles vermischen und mit Salz und Pfeffer würzen. Zum Schluss noch das Mehl unterrühren.

Die Champignonköpfe mit der Masse befüllen und mit geriebenem Käse bestreuen.

Anschließend die gefüllten Champignons in eine passende Grillschale legen und bei mäßiger Hitze sowie geschlossenem Deckel ca. 5-7 Minuten grillen. Die Champignons sind fertig, wenn der Käse geschmolzen ist.

8. GRILL-PAPRIKA MIT QUINOA-KERN

Vorbereitungszeit: 20 Minuten | Zubereitungszeit: 20 Minuten | Schwierigkeitsgrad: leicht

Zutaten:

- 50 ml klare Gemüsebrühe
- 40 g Quinoa
- 15 g Oliven
- ½ kleine Zwiebel
- 1 ½ EL Balsamico-Essig
- ½ Knoblauchzehe
- 50 g Schafskäse
- ½ Chilischote
- 1 ½ EL Olivenöl
- 1 Frühlingszwiebel
- Cayennepfeffer
- ein paar frische Minzblätter
- 2 rote Paprika
- Zimt
- Olivenöl zum Bestreichen
- Salz und Pfeffer

Zubereitung:

Erst die Gemüsebrühe aufkochen und sie dann über den Quinoa gießen. Das Ganze etwa 5-10 Minuten quellen lassen.

Die Zwiebel, den Knoblauch und die zuvor entkernte Chilischote in sehr kleine Würfel und die Frühlingszwiebel in feine Ringe schneiden.

Nun erst die Zwiebel-, Knoblauch- und Chiliwürfel in etwas Olivenöl erhitzen, dann die Frühlingszwiebel dazugeben und mit dem Balsamico-Essig löschen. Mit Zimt, Cayennepfeffer, Salz und Pfeffer würzen. Die gesamte Mischung über den Quinoa geben und gut vermengen.

Derweil den Schafskäse zerbröseln und die Oliven grob zerkleinern. Außerdem die Minzblätter fein hacken. Alles mit dem schon gewürzten Quinoa mischen.

Die beiden Paprikaschoten längs halbieren und die Kerne entfernen. Anschließend mit der Quinoa-Mischung füllen. Zum Schluss noch die Paprikaschoten außen mit etwas Olivenöl bestreichen und ungefähr 20 Minuten bei indirekter Hitze grillen.

9. DER KLASSIKER: GEGRILLTE MAISKOLBEN

Vorbereitungszeit: 5 Minuten | Zubereitungszeit: 10 Minuten | Schwierigkeitsgrad: leicht

Zutaten:
2 Maiskolben
70 g weiche Butter
1 Handvoll Basilikum-Blätter
1 Knoblauchzehe
1 Spritzer Limettensaft
Salz und Pfeffer

Zubereitung:

Die Basilikum-Blätter und den Knoblauch fein hacken und mit der weichen Butter vermengen. Danach das Ganze noch mit einem Spritzer Limettensaft, Salz und Pfeffer verfeinern. Alles gut mischen. Die Maiskolben mit der Kräuterbutter bestreichen und für ca. 10 Minuten auf den heißen Grill legen.

Tipp: Bereits vorgekochte und vakuumverpackte Maiskolben erhalten Sie das ganze Jahr über in den meisten Supermärkten. Besser sind jedoch frische Maiskolben, die es von August bis Oktober auf dem Markt oder im Handel gibt. Diese müssen vor dem Grillen ca. 20 Minuten in Salzwasser kochen.

10. GRILL-AUBERGINEN MIT GRANATAPFEL UND MOZZARELLA

Vorbereitungszeit: 15 Minuten | Zubereitungszeit: 10-12 Minuten | Schwierigkeitsgrad: leicht

Zutaten:
- 1 Aubergine
- Salz
- 1 Zwiebel
- 1 Knoblauchzehe
- 1 ½ EL Olivenöl
- ½ Granatapfel
- 75 g Mozzarella
- Pfeffer
- einige Minzblätter

Zubereitung:

Die Aubergine nach dem Waschen in ca. 1 cm dicke Scheiben schneiden. Danach leicht salzen und etwa 10 Minuten ziehen lassen.

In der Zwischenzeit die Zwiebel in feine Ringe schneiden. Den Knoblauch schälen, fein hacken und mit dem Olivenöl vermischen.

Den Granatapfel in zwei Hälften schneiden und die Kerne herauslösen.

Den abgetropften Mozzarella in Würfel schneiden.

Nun die Zwiebel mit dem Knoblauch-Öl einpinseln und in eine Grillschale legen. Die Auberginen-Scheiben trocken tupfen, mit der Öl-Mischung bestreichen und ebenfalls in die Grillschale geben. Das Gemüse grillen, bis es eine leichte Bräune erreicht hat.

Das fertiggegrillte Gemüse auf einen Teller oder eine Platte füllen, die Kerne des Granatapfels darauf verteilen, und alles mit Pfeffer würzen. Zum Schluss die Mozzarella-Würfel auf das Gemüse legen und mit einigen Minzblätter garnieren.

11. GEFÜLLTE GRILL-TOMATEN

Vorbereitungszeit: 40 Minuten | Zubereitungszeit: 10 Minuten | Schwierigkeitsgrad: mittel

Zutaten:
Salz
1 EL Olivenöl
70 g Instant-Couscous
20 g Pinienkerne
1 kl. Handvoll Petersilie
1 Frühlingszwiebel
10 g Sultaninen
½ TL Paprikapulver
½ TL Zimt
Pfeffer
4 große Tomaten bzw. Fleisch-Tomaten

Zubereitung:

250 ml Wasser in einem kleinen Topf mit Salz und Olivenöl zum Kochen bringen. Topf vom Herd nehmen und den Couscous einrühren. Mit Deckel 5 Minuten ziehen lassen. Dann die Couscous-Mischung in eine Schüssel geben und mit Hilfe einer Gabel etwas auflockern.

Die Pinienkerne in eine Pfanne geben und ohne die Zugabe von Fett anrösten.

Nun die Frühlingszwiebel waschen und in feine Ringe schneiden. Die Petersilie ebenfalls waschen und grob hacken.

Anschließend den Couscous mit beidem vermengen. Auch die Pinienkerne, Sultaninen, das Paprikapulver und den Zimt hinzugeben, und alles nochmals vermengen. Mit Salz und Pfeffer abschmecken.

Die Tomaten waschen, je einen Deckel herausschneiden und die Fruchtkammern mit einem Löffel entfernen. Dann das Innere der Tomaten leicht salzen und pfeffern und den Couscous hineingeben. Jetzt noch die Deckel aufsetzen.

Die gefüllten Tomaten in einer geölten Grillschale für ca. 10 Minuten bei mittlerer Hitze grillen. Die Tomaten sollten dabei abgedeckt sein.

Tipp: Die Grill-Tomaten gelingen am besten in einem Kugelgrill.

12. BUNTE SEITAN-GEMÜSE-SPIESSE

Vorbereitungszeit: mehrere Stunden (evtl. über Nacht) | Zubereitungszeit: 10 Minuten | Schwierigkeitsgrad: leicht

Zutaten:
1 Zucchini
1 rote und 1 gelbe Paprika
4 EL Olivenöl
1 Schalotte
1 Knoblauchzehe
1 EL Zitronensaft
1 Zweig Rosmarin
Salz und Pfeffer
etwas Agavendicksaft

Zubereitung:

Als Erstes den Seitan in ungefähr 1 cm dicke Stücke schneiden. Die Zucchini waschen und die beiden Enden abtrennen. Danach in ca. 1 cm dicke Scheiben schneiden. Die Paprikas ebenfalls waschen. Die Stiele abschneiden und die Kerne aus dem Inneren entfernen. Nun beide in mittelgroße Stücke schneiden.

Das Olivenöl und den Zitronensaft in eine kleine Schüssel geben. Den Knoblauch und die Schalotte schälen und fein hacken. Beides mit dem Öl und Zitronensaft vermischen. Den Rosmarin waschen und die Nadeln vom Stiel entfernen. Die Nadeln ebenfalls klein hacken und mit der Marinade vermengen. Das Ganze mit etwas Salz, Pfeffer und Agavendicksaft abschmecken.

Den Seitan, die Zucchinischeiben und die Paprikastücke abwechselnd auf Spieße aus Holz oder Edelstahl stecken und in die Marinade legen. Die Spieße mindestens 3 Stunden darin ziehen lassen, am besten jedoch über Nacht.

Sobald das Grillen startet, die Spieße auf den heißen, mit Öl bepinselten Grillrost legen und je Seite etwa 5 Minuten grillen. Damit nichts am Rost kleben bleibt, die Spieße immer wieder mit der Marinade bestreichen. Sind sie fertiggegrillt, sollten sie eventuell noch einmal mit Salz und Pfeffer nachgewürzt werden.

13. KROSSE CROSTINI

Vorbereitungszeit: 25 Minuten | Zubereitungszeit: 25 Minuten | Schwierigkeitsgrad: mittel

Zutaten:
360 g Cocktailtomaten
1 Avocado
100 g frischer Parmesan
1 Schalotte
1 Handvoll frische Kräuter
1 Baguette
Olivenöl
Salz und Pfeffer
1 Knoblauchzehe

Zubereitung:

Die Cocktailtomaten waschen und vierteln. Die Avocado halbieren, den Kern entfernen und in dünne Scheiben schneiden. Den frischen Parmesan reiben. Die Schalotte schälen und fein hacken.

Als Nächstes die Cocktailtomaten und die Schalotte leicht salzen und pfeffern, in eine hitzebeständige Schale geben und 3-5 Minuten auf dem Grill garen.

Die Avocadoscheiben kurz angrillen. Währenddessen die Kräuter klein hacken.

Das Baguette in Scheiben schneiden und auf einer Seite mit der geschälten Knoblauchzehe und etwas Olivenöl einreiben. Danach auf den Grill legen und ein wenig anrösten lassen.

Sobald die Baguette-Scheiben eine leichte Bräune haben, diese wieder vom Grill entfernen und mit den Cocktailtomaten und Schalotten belegen. Anschließend die Avocadoscheiben auf dem Baguette verteilen und den Parmesan darüber streuen. Das Ergebnis nur noch mit etwas Olivenöl beträufeln und mit den gehackten Kräutern garnieren.

Tipp: Die krossen Crostini sind eine tolle Vorspeise.

14. GEGRILLTER SOMMERSALAT

Vorbereitungszeit: 20 Minuten | Zubereitungszeit: 20 Minuten | Schwierigkeitsgrad: leicht

Zutaten:
Für den Salat:
1/2 Handvoll Minzblätter
1 mittelgroße rote Zwiebel
1/4 frische Ananas
1 EL Rapsöl
60 g Rucola
60 g Butterkäse

Für das Dressing:
2 EL gehackte Mandeln
½ EL Ingwer
½ Zitrone
1 EL Sojasauce

Zubereitung:

Als Erstes die Minzblätter klein hacken, die Zwiebel schälen und in Stücke schneiden. Die Ananas in dünne Scheiben schneiden. Alles mit dem Rapsöl vermengen, auf 2 Grillschalen verteilen und je 4 Minuten von beiden Seiten rösten. Zum Wenden am besten 2 weitere Schalen verwenden.

Den Rucola-Salat auf 2 Teller verteilen.

Nun noch die gehackten Mandeln anrösten, den Ingwer klein hacken und die Zitrone auspressen. Alle 3 Zutaten zusammen mit der Sojasauce gut miteinander verrühren. Danach die gegrillte Ananas-Zwiebel-Mischung zum Dressing geben. Alles vermengen und über dem Rucola verteilen.

Zum Schluss den Butterkäse in feine Streifen schneiden und über der Ananas verteilen.

15. ITALIAN VEGGIE-MIX

Vorbereitungszeit: 15 Minuten | Zubereitungszeit: 30 Minuten | Schwierigkeitsgrad: mittel

Zutaten:
150 g Auberginen
150 g Zucchini
1 rote Zwiebel
½ rote Paprikaschote
100 g Möhren
Salz und Pfeffer
1 EL Zitronensaft
2 EL Olivenöl
½ TL gehackter Rosmarin
1½ EL Balsamico Essig

Zubereitung:

Die Auberginen und Zucchini waschen, jeweils die Enden entfernen und dann in ca. 1 cm dünne Scheiben schneiden. Die Zwiebel schälen und auch in ca. 1 cm dünne Scheiben schneiden. Die Paprika waschen, den Strunk und die Kerne im Inneren entfernen und dann in gleichdünne Scheiben schneiden wie das andere Gemüse. Die Möhren schälen und schräg in Scheiben schneiden.

Das ganze Gemüse in eine Grillschale geben und 6-8 Minuten bei mittlerer Hitze auf dem Grill garen. Zwischendurch wenden. Anschließend nach Belieben salzen und pfeffern.

Den Zitronensaft, das Olivenöl und den gehackten Rosmarin gut miteinander verrühren, gleich danach auf das gegarte Gemüse gießen und mindestens 20 Minuten ziehen lassen.

Zum Schluss alles noch einmal ein wenig salzen und pfeffern und mit dem Balsamico Essig verfeinern.

16. KÜRBIS-GURKEN-SPIESSE

Vorbereitungszeit: 15 Minuten | Zubereitungszeit: 25-30 Minuten | Schwierigkeitsgrad: leicht

Zutaten:
½ kleiner Hokkaidokürbis (ca. 350 g)
½ Glas Senfgurken (165 g)
½ Orange
½ kleiner Zweig Rosmarin
¼ TL Chiliflocken
Salz
3 EL Olivenöl

Zubehör: Holz- oder Metallspieße (ca. 22 cm lang)

Zubereitung:

Zuerst den Hokkaidokürbis waschen und in zwei Hälften teilen. Nur eine Hälfte wird für das Rezept benötigt. Daraus die Kerne entfernen und das Fruchtfleisch in ca. 3 cm breite Scheiben schneiden. Aus diesen Scheiben wiederum 4 gleichgroße Stücke schneiden.

Die Senfgurken in ein Sieb geben und abtropfen lassen. Die Kürbis- und Gurkenstücke abwechselnd auf die Spieße stecken.

Die Orange auspressen und 50 ml davon abmessen. Vom Rosmarinzweig die Nadeln entfernen und diese sehr fein hacken. Die Chiliflocken, das Salz und Olivenöl nun zum Rosmarin und Orangensaft geben. Alles gründlich verrühren, bis eine dickflüssige Marinade entstanden ist.

Die Kürbis-Gurken Spieße bei mittlerer Hitze in einer Grillschale 25-30 Minuten grillen. Alle paar Minuten wenden und mit der Marinade bepinseln.

17. PIKANTE GRILL-TALER AUS SÜSSKARTOFFELN

Vorbereitungszeit: 25 Minuten | Zubereitungszeit: 20 Minuten | Schwierigkeitsgrad: leicht

Zutaten:
2 Süßkartoffeln
50 ml pflanzliches Öl

Für die Marinade:
2 EL Agavendicksaft
2 EL Paprikapulver
1 rote Chili
2 TL getrockneter Oregano
2 TL Currypulver
1 TL schwarzer Pfeffer
3 TL frischer Koriander
1 TL abgeriebene Schale einer Bio-Zitrone
1 Knoblauchzehe
4 EL Olivenöl

Zubereitung:

Zuerst die Süßkartoffeln schälen und dann ca. 1,5 cm dicke Scheiben daraus schneiden.

Die Knoblauchzehe, die Chili und den frischen Koriander hacken und mit den trockenen Gewürzen, dem Olivenöl und dem Agavendicksaft vermengen. Die Süßkartoffelscheiben hinzufügen und ca. 15-20 Minuten in der Marinade ziehen lassen.

Derweil den Grill auf 180 Grad anheizen. Nun die marinierten Süßkartoffeln entweder direkt auf den Grillrost oder in eine Grillpfanne legen. Zuvor daran denken, den Rost oder die Grillpfanne etwas einzuölen, damit die Süßkartoffeln nicht kleben bleiben.

Vorzugsweise einen Kugelgrill zum Garen der Süßkartoffeln verwenden. Ansonsten einen anderen Deckel. Nach etwa 20 Minuten und mehrmaligem Wenden sind die Süßkartoffel-Taler schön weich und können serviert werden.

Tipp: Die Süßkartoffel-Taler sind nicht nur eine leckere Beigabe zu Grill-Gemüse & Co., sondern auch perfekt als Patty für vegetarische Burger geeignet.

18. KÖSTLICHER FENCHEL VOM GRILL

Vorbereitungszeit: 10 Minuten | Zubereitungszeit: 10-12 Minuten | Schwierigkeitsgrad: leicht

Zutaten:
2 große Fenchelknollen
2-3 Rosmarinzweige
Olivenöl
Zitronen- oder Limettensaft
30 g frischer Parmesan
Salz
Schwarzer Pfeffer

Zubereitung:

Den Fenchel zunächst gründlich abwaschen und putzen. Danach in Viertel schneiden. Die Rosmarinzweige ebenfalls waschen, die Nadeln abzupfen und klein hacken.

Zwischenzeitlich den Grill auf 160 Grad direkte Hitze anheizen.

Die Fenchelstücke mit etwas Olivenöl bepinseln und mittig auf den Grill legen. Von jeder Seite 4-5 Minuten grillen, bis der Fenchel durchgegart ist.

Den heißen Fenchel auf einen Teller legen. Mit Rosmarin, Salz und Pfeffer würzen und den Parmesan frisch darüber reiben. Zum Schluss noch etwas Zitronen- oder Limettensaft darüber träufeln.

Dieser leckere Grill-Fenchel schmeckt hervorragend zu vegetarischen Bratlingen.

19. BROKKOLI VOM ROST

Vorbereitungszeit: 25 Minuten | Zubereitungszeit: 10 Minuten | Schwierigkeitsgrad: leicht

Zutaten:
250 g Brokkoli
1 EL Zitronensaft
1 EL Olivenöl
¼ TL Salz
25 g frischer Parmesan
1/8 TL Chiliflocken
fein gehobelte Zitronenschale

Zubereitung:

Den Brokkoli zuerst waschen und putzen. Dann die einzelnen Röschen vom Strunk abschneiden. Nun den Zitronensaft, das Öl und Salz in einer Schüssel vermischen. Die Brokkoli-Röschen zu der Marinade geben und etwa 20 Minuten darin ziehen lassen. Zwischendurch umrühren.

Anschließend je 6 Brokkoli-Röschen auf einen Holzspieß stecken. Die fertigen Spieße nebeneinander auf den Grill legen und im geschlossenen Grill bzw. abgedeckt etwa 10 Minuten grillen. Hin und wieder wenden, damit sie gleichmäßig gar werden und nicht anbrennen.

Die fertigen Brokkoli-Spieße auf einen Teller legen und mit dem geriebenen Parmesan, den Chiliflocken und der fein gehobelten Zitronenschale verfeinern.

Die Brokkoli-Spieße sind eine genauso leckere wie gesunde Beilage zu vegetarischen Würstchen.

20. KNUSPRIGE PIZZA VOM GRILL

Vorbereitungszeit: 3 Stunden | Zubereitungszeit: 15 Minuten | Schwierigkeitsgrad: mittel

Zutaten:
Für den Pizzateig:
350 ml kaltes Wasser
100 ml Bier
50 ml Öl
15 g frische Hefe
2 TL grobes Salz
150 g Hartweizenmehl
500 g italienisches Mehl (Typ 00)

Für den Belag:
250 g Mozzarella
1 Dose passierte Tomaten
1 TL Oregano
2 frische Tomaten
½ TL Meersalz
½ TL Pfeffer
etwas Basilikum
etwas Olivenöl

Zubehör: Pizzastein

Zubereitung:

Als Erstes Wasser, Bier, Öl und Hefe vermischen. Danach das Hartweizenmehl und das grobe Salz hinzufügen und alles gut durchkneten. Nun noch das italienische Mehl dazugeben und den Teig so lange weiter kneten, bis er eine geschmeidige Konsistenz hat.

Den Teig in 2 gleichgroße Stücke teilen, Kugeln daraus formen und dann für etwa 3 Stunden im Kühlschrank ruhen lassen.

Nun die passierten Tomaten aus der Dose mit Salz, Pfeffer und dem Oregano würzen. Die frischen Tomaten und den Mozzarella in dünne Scheiben schneiden.

Eine der Teigkugeln noch einmal kurz durchkneten und dann ausrollen. Die Tomatensauce auf den Teig geben und gleichmäßig darauf verteilen. Die frischen Tomaten und den Mozzarella auf der Pizza verteilen.

Den Grill anheizen und einen Pizzastein darauf platzieren. Diesen für 15 Minuten aufheizen.

Nun die Pizza auf den Pizzastein legen und für ca. 15 Minuten backen lassen. Wenn der Teig goldbraun und der Mozzarella geschmolzen ist, ist die Pizza fertig.

Die Pizza auf einen großen Teller platzieren, ein paar Basilikum-Blätter darauflegen und eventuell noch mit etwas Olivenöl beträufeln.

Aus der zweiten Teigkugel und den gleichen Zutaten die nächste Pizza auf dem Grill backen.

Tipp: Die Pizza kann natürlich auch noch mit weiteren Zutaten belegt werden, benötigt dann aber etwas mehr Backzeit. Hierbei aufpassen, dass der Teig nicht verbrennt.

21. PIKANTE KARTOFFELSTEAKS

Vorbereitungszeit: 12 Stunden | Zubereitungszeit: 10-12 Minuten | Schwierigkeitsgrad: leicht

Zutaten:
2 große, fest kochende Kartoffeln
50 ml Olivenöl
1 knapper TL edelsüßes Paprikapulver
1 knapper TL frisch gehackter Thymian
1 knapper TL frisch gehackter Rosmarin
1 knapper TL scharfes Currypulver
Salz und Pfeffer

Zubereitung:

Die Kartoffeln waschen und mit einer Bürste von Schmutz befreien. Danach mit einem Riffelmesser längs in etwa 1,5 cm dicke Scheiben schneiden und in einen Beutel oder besser noch in eine Schale mit Deckel geben. Alle Gewürze und das Olivenöl in einer zweiten Schale gut vermengen. Mit Pfeffer abschmecken und die Würzmischung über die Kartoffeln gießen.

Den Beutel bzw. die Schale verschließen und alles gründlich durchschütteln. Die Kartoffeln sollen rundum mit der Marinade bedeckt sein. Das Ganze über Nacht in den Kühlschrank stellen. Hin und wieder noch einmal durchschütteln.

Sind die Kartoffelscheiben am nächsten Tag gut durchgezogen, können sie direkt auf den Grillrost oder in eine Grillschale gelegt werden. Von beiden Seiten 5-6 Minuten rösten, bis sie goldbraun geworden sind. Zwischendurch mit der restlichen Marinade bestreichen. Die fertigen Kartoffelsteaks nur noch mit etwas Salz würzen und servieren.

22. TOFU IM SESAMMANTEL

Vorbereitungszeit: 20 Minuten | Zubereitungszeit: 10 Minuten | Schwierigkeitsgrad: leicht

Zutaten:
3 EL Sojasauce
3 EL Reiswein oder Sherry
3 EL Sesamöl
2 EL frisch geriebener Ingwer
2 gewürfelte Schalotten
1 gehackte Knoblauchzehe
1 EL Chilisauce
2 Scheiben Naturtofu (je 150 g)
1 Ei
Sesam
1 EL Öl zum Braten

Zubereitung:

Aus der Sojasauce, dem Reiswein oder Sherry, dem Sesamöl und Ingwer, den gewürfelten Schalotten, dem gehackten Knoblauch und der Chilisauce eine Marinade mischen. Danach den Tofu in die Marinade legen und mindestens 15 Minuten darin ziehen lassen. Alternativ das Ganze über Nacht in den Kühlschrank stellen, wenn der Tofu besonders viel Würze annehmen soll.

Die fertig marinierten Tofu-Scheiben erst mehrfach in einem verquirlten Ei wenden und anschließend in Sesam wälzen. Dabei den Sesam etwas andrücken. Nun die Tofu-Scheiben in einer Grillpfanne bei mittlerer Hitze vorsichtig grillen. Darauf achten, dass der Sesam nicht anbrennt.

Dazu schmeckt Reis und/oder ein knackiger Salat.

23. MEDITERRANES GEMÜSE VOM GRILL

Vorbereitungszeit: 40 Minuten | Zubereitungszeit: 10 Minuten | Schwierigkeitsgrad: leicht

Zutaten:
3 Paprikas (rot, gelb, grün)
2 Tomaten
2 Zwiebeln
1 Zucchini
1 EL Sojasauce
1 Spritzer Tabasco
Salz und Pfeffer
1 EL Grillgewürz
frische Kräuter nach Belieben
1 TL Olivenöl

Zubereitung:

Die rote, gelbe und grüne Paprika, die Tomaten, die Zwiebeln und die Zucchini in mundgerechte Stücke schneiden. Die Sojasauce, den Tabasco, die Gewürze und Kräuter in eine Schüssel geben und gut verrühren. Das Gemüse hinzufügen und etwa 30 Minuten ziehen lassen. Nun das Ganze in eine hitzebeständige Schale füllen und ca. 10 Minuten auf dem Grill garen.

Tipp: Um ein größeres Sättigungsgefühl zu erhalten, können auch noch Kartoffeln unter das Gemüse gemischt werden.

24. GEMÜSEALLERLEI AM SPIEß

Vorbereitungszeit: 20 Minuten | Zubereitungszeit: 10 Minuten | Schwierigkeitsgrad: leicht

Zutaten:
1 rote Paprika
1 Zucchini
100 g frische Champignons
2 Maiskolben (frisch oder vakuumverpackt)
2 Zwiebeln
4 EL Öl
gehackte Kräuter nach Wahl

Zubereitung:

Das frische Gemüse zunächst waschen und putzen. Danach die Zucchini in 1-1,5 cm dünne Scheiben und die Paprika in mundgerechte Stücke schneiden. Je nach Größe der Champignons diese halbieren, ansonsten ganz lassen. Die Maiskolben ebenfalls in Scheiben schneiden.

Danach alle Gemüsesorten im Wechsel auf Holz- oder Metallspieße stecken, rundum mit etwas Öl bestreichen und für 10 Minuten auf den heißen Grill legen. Das restliche Öl mit den gehackten Kräutern verrühren und hin und wieder die Spieße damit bepinseln. Die Spieße außerdem mehrmals wenden, damit das Gemüse gleichmäßig garen kann und nicht verbrennt.

25. GEFÜLLTE UND GEROLLTE AUBERGINEN

Vorbereitungszeit: 10 Minuten | Zubereitungszeit: 10 Minuten | Schwierigkeitsgrad: mittel

Zutaten:
1 Aubergine
½ Bund Petersilie
1 Knoblauchzehe
50 ml Olivenöl
50 g frischer, geriebener Parmesan
1 EL Paniermehl
1 Päckchen Mozzarella
Salz und Pfeffer

Zubereitung:

Die Aubergine waschen und dann längs in dünne Scheiben schneiden. Falls vorhanden, dazu eine Brotschneidemaschine verwenden. Die Scheiben von beiden Seiten salzen und zur Seite stellen.

Die Knoblauchzehe fein hacken und in etwas Öl bei geringer Hitze anbraten. Dann die Petersilie, den geriebenen Parmesan, das Paniermehl, den Knoblauch und das Olivenöl miteinander vermengen und pürieren. Es soll eine cremige Masse entstehen. Diese nur noch mit etwas Salz und Pfeffer würzen.

Um überschüssiges Salz wieder zu entfernen, die Auberginen-Scheiben mit Wasser abspülen und trocknen. Nun auf jede Scheibe ein wenig von der Paste geben und verstreichen. Den Mozzarella abtropfen lassen, in dünne Streifen schneiden und auf die Auberginen-Scheiben legen.

Anschließend die Scheiben aufrollen, auf Holzspieße stecken und auf den Grill legen. Die Auberginen-Rollen zwischendurch mehrmals wenden.

Die Röllchen so lange unter Wenden grillen, bis sie braun sind.

26. SOMMER-GEMÜSE AUS DEM GRILL-WOK

Vorbereitungszeit: 15 Minuten | Zubereitungszeit: 20 Minuten | Schwierigkeitsgrad: mittel

Zutaten:
1 Zucchini
1 rote Zwiebel
1 Möhre
100 g Zuckerschoten
1 Fenchelknolle
1 rote Paprika
1 grüne Paprika
1 TL frischer, gehackter Rosmarin
50 ml Olivenöl
90 ml Gemüsebrühe
Salz und Pfeffer
1 Knoblauchzehe

Zubereitung:

Das Gemüse (Zucchini, Möhre, Fenchel, Paprika) waschen und in Scheiben, Streifen oder Würfel schneiden. Die Zuckerschoten ebenfalls waschen und ganz lassen. Die Zwiebel und die Knoblauchzehe schälen und in kleine Würfel schneiden.

Nun den Wok auf den heißen Grill stellen, das Olivenöl hineingeben und heiß werden lassen. Danach das gesamte Gemüse in den Wok füllen und garen, bis es bissfest geworden ist.

Anschließend den frischen, gehackten Rosmarin dazugeben. Ebenso die Gemüsebrühe. Zum Schluss mit Salz und Pfeffer abschmecken. In etwa 20 Minuten ist das Wok-Gemüse verzehrfertig.

27. KARTOFFEL-SPALTEN MIT SOUR CREAM

Vorbereitungszeit: 20 Minuten | Zubereitungszeit: 25 Minuten | Schwierigkeitsgrad: leicht

Zutaten:
6 mittelgroße Kartoffeln
2 Thymian-Zweige
50 ml Olivenöl

Für die Sour Cream:
50 g Crème fraîche
50 g Frischkäse
150 g Sauerrahm
1 mittelgroße Zwiebel
2 Knoblauchzehen
1 Handvoll Schnittlauch
1 Limette
1 TL Chiliflocken
1 TL Agavendicksaft
Salz und Pfeffer

Zubereitung:

Die Zwiebeln und die Knoblauchzehen schälen und sehr fein würfeln. Den Schnittlauch in dünne Ringe schneiden. Alles drei mit Crème fraîche, Frischkäse und Sauerrahm in eine Schüssel geben und verrühren. Nun den Saft und den Abrieb der Limette hinzufügen und mit Salz, Pfeffer und dem Agavendicksaft abschmecken. Vor dem Servieren mit den Chiliflocken garnieren.

Die Kartoffeln waschen und mit Schale in gleichgroße Spalten schneiden.

Die Thymian-Zweige waschen und die Blätter abzupfen.

Die Kartoffelspalten mit dem Olivenöl und den Thymian-Blättern in einer Schüssel mischen und dann weitflächig auf eine heiße Grillplatte legen. Hin und wieder wenden.

Die Kartoffeln brauchen etwa 25 Minuten, bis sie gar sind. Zudem sollten sie goldbraun und schön knusprig aussehen. Zum Schluss nur noch mit etwas Salz würzen und zusammen mit der Sour Cream genießen.

28. ZWIEBELN MIT DELIKATER FÜLLUNG

Vorbereitungszeit: 30 Minuten | Zubereitungszeit: 60 Minuten | Schwierigkeitsgrad: mittel

Zutaten:
2 ungeschälte Gemüsezwiebeln
100 g grobes Meersalz
100 g geviertelte Kirschtomaten
½ gelbe, fein gewürfelte Paprika
1 EL fein gehackter Thymian
100 g Schafskäse
1 ½ fein gehackte Knoblauchzehen
1 EL Paniermehl
30 g geröstete Mandelblätter
100 ml Schmand
1 EL fein gehackte Kräuter nach Wahl
Salz, Pfeffer, Paprika
1 Bio Zitrone (Saft und Schale)

Zubereitung:

Das grobe Meersalz in einer hitzebeständigen Auflaufform verteilen und die ungeschälten Gemüsezwiebeln darauf platzieren. Die Auflaufform bei indirekter Hitze auf den Grill stellen. Die Gemüsezwiebeln brauchen ca. 45 Minuten, bis sie gar sind.

Zwischenzeitlich die Kirschtomaten, die gelbe Paprika, den Thymian, den Schafskäse, den Saft und die Schale der Zitrone gut miteinander verrühren. Das Ganze mit Salz, Pfeffer und Paprika würzen.

Den Schmand mit den gewählten Kräutern und einer Knoblauchzehe vermengen und ebenfalls mit Salz und Pfeffer würzen. Die fertige Creme erst einmal kaltstellen.

Die gegarten Zwiebeln vom Grill nehmen und leicht abkühlen lassen. Jeweils die Schale abziehen und die Zwiebeln mit einem Löffel aushöhlen, bis nur noch ein 0,5 cm dünner Rand übrig ist. Die ausgelöffelte Zwiebelmasse mit der Füllung aus Tomaten, Paprika und Schafskäse mischen.

Nun das Innere der Zwiebeln mit Salz und Pfeffer würzen. Dann großzügig die Füllung hineingeben und mit etwas Paniermehl bestreuen. Anschließend die gefüllten Zwiebeln noch einmal ca. 15 Minuten bei 180 Grad grillen, bis sie eine goldbraune Farbe haben.

Zum Schluss die Gemüsezwiebeln nur noch mit den gerösteten Mandelblättern garnieren und mit der Kräuter-Schmand-Creme servieren.

29. GRILL-AVOCADOS MIT SALSA

Vorbereitungszeit: 60 Minuten | Zubereitungszeit: 8-10 Minuten | Schwierigkeitsgrad: leicht

Zutaten:
3 mittelreife Avocados
Saft einer Zitrone
1 ½ EL Olivenöl
Meersalz
schwarzer Pfeffer
2 ½ EL Kräuteröl

Für die Salsa:
1 Avocado
1 Tomate
½ rote Zwiebel
1 Frühlingszwiebel
½ Chilischote
1 Handvoll frischer Koriander
1 EL Zitronensaft
Pflanzenöl
Salz und Pfeffer

Zubereitung:

Die Avocados längs in zwei Hälften schneiden und die Kerne herauslösen.

Das Fruchtfleisch mit Zitronensaft, Olivenöl, Salz und Pfeffer würzen und ca. 60 Minuten ziehen lassen.

Die marinierten Avocados kurz abtropfen lassen und dann 8-10 Minuten bei direkter Hitze von beiden Seiten grillen.

Zwischenzeitlich für die Salsa die Tomate waschen und in sehr kleine Würfel schneiden. Die Avocado halbieren, entkernen und ebenfalls fein würfeln. Die halbe Zwiebel schälen und klein hacken. Die Frühlingszwiebeln in sehr dünne Streifen schneiden. Die halbe Chilischote fein hacken, den Koriander hingegen grob zerhacken. Alle Zutaten mischen.

Jetzt nur noch die die fertige Salsa in die Mulden der gegrillten Avocados füllen und Genuss pur erleben.

30. HERZHAFTER CHICORÉE GEGRILLT UND GRATINIERT

Vorbereitungszeit: 30 Minuten | Zubereitungszeit: 24 Minuten | Schwierigkeitsgrad: leicht

Zutaten:
3 weiße Chicorée
2 EL Olivenöl
1 EL Honig
1 EL weißer Balsamico Essig
Tabasco
75 g Gorgonzola
150 g geriebener Bergkäse
1 TL fein gehackter Rosmarin
1 TL fein gehackter Thymian
2 EL fein gehackte Petersilie
1 ½ EL Crème fraîche
1 ½ EL Paniermehl
Salz und Pfeffer

Zubereitung:

Das Olivenöl, den Balsamico Essig und den Honig gut miteinander vermengen. Den Chicorée in Hälften schneiden und jeweils den Strunk herauslösen. Die oberen Seiten mit Salz und Pfeffer würzen und mit der Öl-Essig-Honig-Mischung bestreichen. Ungefähr 30 Minuten ziehen lassen.

Zwischenzeitlich den Grill sowohl für direkte als auch für indirekte Hitze vorheizen.

Die oberen Seiten der marinierten Chicorée-Hälften ca. 3 Minuten angrillen, bis sie leicht angebräunt sind. Dann wenden und eine weitere Minute die Unterseiten grillen.

Die Chicorée-Hälften vom Grill nehmen und in einer hitzebeständigen Auflaufform nebeneinanderlegen.

Den Gorgonzola in Würfel schneiden und mit dem geriebenen Bergkäse, den Kräutern und der Crème fraîche vermengen. Wer es mag, kann nun ein wenig Tabasco über den Chicorée träufeln. Danach die Käse-Kräuter-Mischung darauf verteilen. Außerdem noch etwas Paniermehl darüber streuen.

Die Auflaufform nun bei indirekter Hitze auf den Grill stellen und ca. 20 Minuten grillen, bis das Ganze goldbraun gratiniert ist.

31. WARMER KARTOFFELSALAT MIT PESTO

Vorbereitungszeit: 20 Minuten | Zubereitungszeit: 10-15 Minuten | Schwierigkeitsgrad: leicht

Zutaten:

Für das Pesto:
1 geschälte Knoblauchzehe
1 Handvoll frisches Basilikum
3 EL Pistazienkerne
4 EL Mayonnaise
2 TL Weißweinessig
1/3 TL grobes Meersalz
1/3 TL gemahlener schwarzer Pfeffer

800 g ungeschälte, festkochende Kartoffeln
2 ½ TL Salz
2 rote Paprikas
2 EL Olivenöl
2 EL zerkleinerte Basilikum-Blätter

Zubereitung:

Für das Pesto zunächst die Knoblauchzehe, das Basilikum und die Pistazienkerne mit einem Pürierstab zerkleinern. Das Ganze in eine Schüssel geben und mit der Mayonnaise, dem Weißweinessig, dem Meersalz und schwarzem Pfeffer vermischen.

Die Kartoffeln mit Wasser säubern und je nach Größe vierteln oder achteln. Danach die Kartoffelstücke in einen passenden Topf geben und komplett mit Wasser bedecken. 2 TL Salz dazugeben und aufkochen lassen. Die Kartoffeln bei mittlerer Hitze 5-10 Minuten weiter kochen, bis sie nahezu gar sind. Zwischenzeitlich die Paprikas in der Länge halbieren, Stiel und Kerne im Inneren entfernen und in etwa 3 cm große Stücke schneiden.

Dann die Kartoffeln abgießen und wieder zurück in den Topf füllen. Die Paprikastücke, das Olivenöl und Salz hinzufügen. Anschließend alle Zutaten gründlich vermengen.

Den Grill vorheizen. Ebenso eine passend große Grillplatte. Wenn sie nach etwa 10 Minuten heiß genug ist, die Kartoffeln und Paprikas möglichst flach und gut verteilt auf die Grillplatte legen.

Bei direkter mittlerer Hitze und geschlossenem Deckel das Ganze 10-15 Minuten grillen. Hin und wieder wenden. Wenn die Kartoffeln außen knusprig gebräunt und innen schön weich geworden sind, die Grillpfanne vom Grill nehmen.

Die Kartoffel-Paprika-Mischung zum Pesto in die Schüssel geben. Alles mischen, bis sich das Gemüse mit dem Pesto verbunden hat. Mit Salz und Pfeffer abschmecken. Den Salat ein paar Minuten abkühlen lassen und vor dem Servieren noch mit ein paar zerkleinerten Basilikum-Blättern bestreuen.

32. FRUITY TEMPEH-SPIEßE

Vorbereitungszeit: 30 Minuten | Zubereitungszeit: 10 Minuten | Schwierigkeitsgrad: leicht

Zutaten:
300 g Tempeh Mediterran
2 ½ EL helle Sojasauce
1 EL Sesamöl
1 reife Mangos
2 Basilikum-Blätter
1 Bio Limette

Zubereitung:

Zuerst den Tempeh in mundgerechte Stücke schneiden und dann mit der hellen Sojasauce und dem Sesamöl in eine Schüssel geben. Etwa 20 Minuten ziehen lassen.

Derweil die Mango schälen, das Fruchtfleisch vom Kern lösen und ebenfalls in mundgerechte Stücke schneiden.

Als Nächstes die Basilikum-Blätter waschen und trocken tupfen.

Die Limetten waschen und in acht Spalten schneiden.

Nun den marinierten Tempeh, die Mangostücke, Limettenspalten und Basilikum-Blätter im Wechsel auf 4 Holzspieße stecken und auf dem heißen Grillrost 10 Minuten grillen. Zwischendurch wenden.

Tipp: Entweder als Vorspeise oder zusammen mit einem leckeren Salat genießen!

33. SÜßE APRIKOSENSPIEßE AUF WEIßBROT

Vorbereitungszeit: 10 Minuten | Zubereitungszeit: 10 Minuten | Schwierigkeitsgrad: leicht

Zutaten:
6 Aprikosen
4 Scheiben Weißbrot
1 EL Honig
Thymian

Zubereitung:

Zunächst 4 Holzspieße in Wasser einweichen.

Dann die Aprikosen waschen, halbieren und die Kerne vorsichtig herauslösen. Je 3 Aprikosenhälften längs auf einen Holzspieß stecken und dann etwa 6 Minuten von beiden Seiten auf dem heißen Grillrost grillen. Nach etwa 4 Minuten die Früchte mit etwas Honig bestreichen. Aufpassen, dass der Honig nicht anbrennt bzw. zu sehr karamellisiert.

Zwischenzeitlich auch das Weißbrot auf dem Grill legen und von beiden Seiten anrösten.

Die gegrillten Aprikosenspieße auf die Brotscheiben legen und mit etwas Thymian garnieren.

34. GEGRILLTE LAUCHSTANGEN

Vorbereitungszeit: 15 Minuten | Zubereitungszeit: 15 Minuten | Schwierigkeitsgrad: leicht

Zutaten:
2 Stangen Lauch
1 ½ EL Olivenöl
½ EL Butter
½ EL Paniermehl
½ EL Sesamsamen
½ Msp. Muskat
½ Prise Kreuzkümmel
½ Prise Koriander
Salz und Pfeffer

Zubereitung:

Den Lauch putzen und waschen. Dann beide Stangen in der Mitte durchschneiden, in kochendes Salzwasser geben und etwa 1-2 Minuten blanchieren. Danach kurz abschrecken und gut abtropfen lassen.

Nun den Lauch mit etwas Olivenöl bestreichen und einige Minuten auf dem Grill leicht anrösten. Gelegentlich wenden.
Die Butter in eine Pfanne geben und erhitzen. Sobald sie geschmolzen ist, das Paniermehl und die Sesamsamen darin rösten. Nun noch Muskat, Kreuzkümmel und Koriander hinzufügen und mit Salz und Pfeffer abschmecken.

Die Würzmischung auf den gegrillten Lauchstangen verteilen.

RAFFINIERT & EINZIGARTIG!

1. ÜBERBACKENE AUBERGINEN-TALER

Vorbereitungszeit: 10 Minuten | Zubereitungszeit: 20 Minuten | Schwierigkeitsgrad: leicht

Zutaten:
100 g geriebener Gouda
100 g klein geschnittener Mozzarella
1 Aubergine
6 kleine Tomaten
2 TL Olivenöl
1 EL Salz
etwas getrockneter Oregano
ein paar frische Basilikum-Blätter

Zubereitung:

Die Aubergine waschen und in etwa 1 cm dicke Scheiben schneiden. Die Tomaten fein würfeln.

Das Salz mit dem Olivenöl mischen. Von beiden Seiten die Auberginen-Scheiben damit bestreichen. Etwas Oregano darüber streuen.

Das Ganze in eine Grillschale geben und für etwa 15 Minuten auf dem heißen Grill garen lassen.

Nun die Grillschale mit den Auberginen kurz vom Grill nehmen und großzügig mit den gewürfelten Tomaten, dem Gouda und Mozzarella belegen. Die Grillschale erneut auf den Grill stellen. Abwarten, bis der Käse geschmolzen ist und sich eine leichte Bräune entwickelt hat.

Die überbackenen Auberginen-Taler mit ein paar Basilikum-Blättern garnieren.

2. KNÖDEL-FETA-SPIEßE

Vorbereitungszeit: 20 Minuten | Zubereitungszeit: 25 Minuten | Schwierigkeitsgrad: leicht

Zutaten:

6 Kartoffelknödel im Kochbeutel
200 g Feta-Käse
1 Zucchini
12 Cocktail-Tomaten
2 EL frische Kräuter nach Wahl
5 EL Olivenöl
1 Knoblauchzehe
1 frischer Rosmarinzweig

Zubehör: 6 Edelstahlspieße

Zubereitung:

Die Kartoffelknödel nach Packungsanleitung zubereiten, Kochbeutel entfernen und erst einmal abkühlen lassen.

Die Zucchini waschen und in etwa 0,5 cm dünne Scheiben schneiden. Die Tomaten waschen, abtrocknen und zur Seite stellen. Den Feta würfeln. Jeden Knödel in 4-5 Scheiben schneiden. Die frischen Kräuter mit dem Olivenöl vermengen. Die Knoblauchzehe und den Rosmarinzweig klein hacken.

Immer im Wechsel eine Knödel-Scheibe, eine Zucchini-Scheibe und ein Feta-Stück auf einen Spieß stecken, bis jeweils ein ganzer Knödel verbraucht ist. An Anfang und Ende je eine Cocktail-Tomate stecken. Mit den anderen Spießen genauso verfahren.

Die fertigen Spieße in eine hitzefeste Schale legen und rundum mit der Kräuter-Öl-Mischung bestreichen. Zum Schluss den gehackten Knoblauch und Rosmarin auf den Spießen verteilen.

Die Grillschale mit den Spießen auf den heißen Grill stellen und das Ganze ca. 10-15 Minuten grillen.

3. GEGRILLTE QUESADILLA

Vorbereitungszeit: 15 Minuten | Zubereitungszeit: 15 Minuten | Schwierigkeitsgrad: leicht

Zutaten:
1 rote Paprika
½ rote Chili
2 Frühlingszwiebeln
½ Avocado
75 g Mais aus der Dose
1 Handvoll Koriander
2 Vollkorn-Tortillas
75 g geriebener Cheddarkäse
etwas Chilipulver

Zubehör: zusammenklappbares Grillgitter

Zubereitung:

Erst die Paprika und die Chili waschen, halbieren, entkernen und fein würfeln. Danach die Frühlingszwiebeln putzen, waschen und in Ringe schneiden. Die Avocado schälen, in 2 Hälften schneiden, den Kern herauslösen und das Fruchtfleisch in kleine Würfel schneiden. Den Mais aus der Dose in ein Sieb geben und abtropfen lassen. Den Koriander grob hacken.

Nun eine Vollkorn-Tortilla auf ein zusammenklappbares Grillgitter legen. Die Hälfte des Cheddarkäses auf der Tortilla verteilen. Darauf das gewürfelte Gemüse, den Mais und etwas mehr als die Hälfte des Korianders geben. Den restlichen Käse auf dem Gemüse verteilen und die zweite Tortilla darauf legen. Nun das Grillgitter zusammenklappen, alles leicht andrücken und verschließen. Die Quesadilla etwa 10-15 Minuten grillen. Zwischendurch immer mal wieder drehen, bis der Käse anfängt zu schmelzen.

Die Quesadilla aus dem Grillgitter nehmen und in 8 Stücke schneiden. Auf einen Teller legen und mit dem restlichen Koriander und Chilipulver garnieren.

4. VEGGIE-FRIKADELLEN FÜR GENIEßER

Vorbereitungszeit: 35 Minuten | Zubereitungszeit: 5-7 Minuten | Schwierigkeitsgrad: leicht

Zutaten:
75 g kernige Haferflocken
50 g feine Haferflocken
125 g Quark
60 g geriebenen Emmentaler
2 Eier
1 Zwiebel
Salz und Pfeffer
2 TL Sesam
½ Bund Petersilie
1 EL Olivenöl

Zubereitung:

Die Zwiebel klein hacken und dann ungefähr 2 Minuten in etwas Olivenöl anschwitzen. Danach auch die Petersilie klein hacken.

Nun die angerösteten Zwiebeln mit den Haferflocken, dem Sesam, den Quark, den Eiern dem Käse und der gehackten Petersilie vermengen und gut durchkneten. Anschließend salzen und pfeffern, abdecken und für 30 Minuten im Kühlschrank quellen lassen.

Die kalte Masse zu kleinen Veggie-Frikadellen formen. Bevor sie auf den Grill kommen, erst noch den Grillrost mit etwas Öl bepinseln. So bleiben die Frikadellen während des Grillvorgangs nicht kleben.

Sobald die Frikadellen auf beiden Seiten schön knusprig sind, können sie vom Grill genommen werden. Vor dem Verzehr noch mit ein wenig Petersilie garnieren.

5. CRUNCH SANDWICHES VOM GRILL

Vorbereitungszeit: 15 Minuten | Zubereitungszeit: 5 Minuten | Schwierigkeitsgrad: leicht

Zutaten:
150 g Schafskäse
50 g saure Sahne
1-1½ EL Zitronensaft
½ TL Honig
Salz und Pfeffer
⅛ Eisbergsalat
½ rote Zwiebel
2 rote Spitzpaprika
1 EL Olivenöl
4 Scheiben Mehrkornbrot

Zubereitung:

Den Schafskäse erst grob zerbröseln und dann mit saurer Sahne, Zitronensaft und Honig vermischen. Das Ganze salzen und pfeffern. Den Salat putzen, waschen und die Blätter vom Strunk lösen. Die Zwiebel schälen und in feine Ringe schneiden.

Nun die beiden Spitzpaprika in der Länge halbieren und ebenfalls putzen und waschen. Danach komplett mit Olivenöl bepinseln, etwas salzen und ca. 3 Minuten auf dem heißen Grill garen. Zwischendurch mehrmals wenden. Wenn sie leicht angeröstet sind, vom Grill nehmen.

2 Scheiben Mehrkornbrot mit ungefähr der Hälfte der Schafskäse-Creme bestreichen. Danach die gerösteten Paprika, die Zwiebelringe, die restliche Schafskäse-Creme und die Salatblätter auf die 2 anderen Brotscheiben schichten. Die ersten beiden Brotscheiben oben drauflegen und etwas andrücken.

Die Sandwiches eventuell mit kleinen Holzspießen fixieren, auf den heißen Grill legen und je Seite 1-2 Minuten rösten. Danach nur noch in der Mitte durchschneiden, servieren und genießen.

6. GEFÄCHERTE ZUCCHINI MIT RADIESCHEN-SALSA

Vorbereitungszeit: 25 Minuten | Zubereitungszeit: 20 Minuten | Schwierigkeitsgrad: leicht

Zutaten:
½ Bund Radieschen
½ Bund Schnittlauch
½ EL Weißwein Essig
Salz und Pfeffer
1 EL Olivenöl
60 g Camembert
10 g Gewürzmischung nach Wahl
1 gelbe Zucchini
1 grüne Zucchini
2 Tomaten

Zubereitung:

Die Radieschen putzen, waschen und fein würfeln. Schnittlauch waschen und in etwa 0,5 cm kleine Stücke schneiden. Essig mit dem Olivenöl vermischen. Dann Schnittlauch und Radieschen dazugeben. Zum Schluss mit Salz und Pfeffer würzen. Die fertige Salsa zur Seite stellen.

Den Camembert in dünne Scheiben schneiden und in der Gewürzmischung wälzen.

Die Zucchini waschen und in ihrer ganzen Länge fächerförmig einschneiden. Die Tomaten waschen und in dünne Scheiben schneiden.

Die Zucchini in eine mit Öl bepinselte Grillschale geben und zwischen die einzelnen Schnittflächen die Camembert- und Tomatenscheiben legen. Die Grillschale auf dem Grill platzieren und bei indirekter Hitze etwa 20 Minuten grillen. Die fertigen Zucchini-Fächer mit der Radieschen-Salsa servieren.

7. GEMISCHTER SALAT MIT GEGRILLTEM BUTTERNUT-KÜRBIS

Zubereitungszeit: 45 Minuten | Schwierigkeitsgrad: leicht

Zutaten:

½ Butternut-Kürbis (ca. 400 g)
Salz und Pfeffer
3 EL Olivenöl
½ Dose Kichererbsen
60 g Brunnenkresse
6 Kirschtomaten
1½ Lauchzwiebeln
½ Salatgurke
25 g Haselnusskerne
1½ EL Weißwein Essig

Zubereitung:

Als Erstes 6 Holzspieße in Wasser einweichen. Danach den Butternut-Kürbis putzen und schälen. In der Länge halbieren und die Kerne entfernen. Das Fruchtfleisch in mundgerechte Stücke schneiden und für etwa 6 Minuten in bereits kochendes Salzwasser geben. Abgießen, gut abtropfen lassen und abkühlen lassen. Die Kürbis-Stücke in eine Schüssel geben und mit 3 EL Olivenöl vermengen. Anschließend salzen und pfeffern.

Nun die Kürbisstücke auf die Holzspieße stecken. Diese in eine Grillschale legen und auf dem heißen Grill 6 - 8 Minuten grillen. Mehrmals wenden. Die Spieße vom Grill nehmen und die Kürbis-Stücke in eine Schüssel streifen.

Die Kichererbsen in ein Sieb geben, mit Wasser durchspülen und abtropfen lassen. Die Brunnenkresse putzen, waschen und trocken tupfen. Die Tomaten ebenfalls waschen und halbieren. Die Lauchzwiebeln waschen und in feine Ringe schneiden. Die halbe Gurke putzen, waschen und würfeln.

Nun das Ganze zusammen mit dem Weißwein Essig und den Haselnusskernen zum Kürbis geben und vorsichtig vermengen. Zum Schluss noch einmal mit etwas Salz und Pfeffer nachwürzen.

8. SCHNELLER SPARGEL-FLAMMKUCHEN

Vorbereitungszeit: 10 Minuten | Zubereitungszeit: 10 Minuten | Schwierigkeitsgrad: leicht

Zutaten:
1 Packung Flammkuchenteig
250 g frischer grüner Spargel
4 EL schwarze, kernlose Oliven
6 EL Crème fraîche
½ TL Salz
etwas Pfeffer
1 EL frische Kräuter nach Wahl

Zubehör: Pizzastein

Zubereitung:

Als Erstes den Flammkuchenteig ausrollen, in 4 gleichgroße Stücke schneiden und mit der Crème fraîche bestreichen.

Die Spargelstangen waschen und putzen, danach jeweils in der Mitte durchschneiden und mit den schwarzen Oliven auf dem Flammkuchenteig verteilen.

Zwischenzeitlich den Grill und einen Pizzastein erhitzen.

Nun die belegten Flammkuchenstücke auf den Pizzastein legen und etwa 8-10 Minuten grillen, bis sie knusprig-braun geworden sind.

Danach noch mit etwas Salz, Pfeffer und den frischen Kräutern würzen und heiß servieren.

9. LOW CARB PIZZA AUS AUBERGINEN

Vorbereitungszeit: 10 Minuten | Zubereitungszeit: 30 Minuten | Schwierigkeitsgrad: leicht

Zutaten:
1 große Aubergine
100 ml Tomatensauce
1 TL Oregano
½ TL Salz
¼ TL Pfeffer
1 Zwiebel
125 g Mozzarella
5 Champignons
ein paar frische Basilikumblätter
2 EL Olivenöl

Zubereitung:

Die Aubergine waschen und längs in knapp 1 cm dicke Scheiben schneiden.

Die Scheiben auf der oberen Seite mit Olivenöl bestreichen und für 20 Minuten bei indirekter Hitze auf dem Grill garen. (Eventuell einen Grillstein verwenden.)

Die Gewürze (Salz, Pfeffer und Oregano) in die Tomatensauce geben und gut vermischen.

Die Champignons putzen, waschen und in Scheiben schneiden.

Den Mozzarella aus der Packung nehmen, gut abtropfen lassen und nach Belieben in Würfel oder Scheiben schneiden.

Nun die Sauce und die Champignons großzügig auf den vorgegarten Auberginenscheiben verteilen.

Anschließend die Mozzarella-Würfel oder -Scheiben darauflegen.

Das Ganze etwa 10 Minuten wiederum bei indirekter Hitze grillen.

Ist der Mozzarella zerlaufen und der Belag leicht braun geworden, ist die Auberginen-Pizza fertig. Jetzt nur noch mit etwas gehacktem oder gezupftem Basilikum bestreuen.

Tipp: Für den Belag eignet sich auch anderes Gemüse wie Paprika, Zucchini, Bohnen, Mais etc.

10. GRILLGENUSS AUS PASTINAKEN

Vorbereitungszeit: 10 Minuten | Zubereitungszeit: 30 Minuten | Schwierigkeitsgrad: leicht

Zutaten:
2 mittelgroße Pastinaken
200 g Zuckerschoten
1 kleine Zwiebel
1 kleine rote Paprika
1 kleine Möhre
Salz und Pfeffer
2 EL Kräuteröl
3 EL Olivenöl
1 Schuss Weißwein

Für das Kräuteröl:
Frische Kräuter nach Wahl
1 fein gehackte Knoblauchzehe
Olivenöl

Zubehör: Grillwok

Zubereitung:

Die Pastinaken schälen, in der Länge halbieren und mit Olivenöl bestrichen in eine Grillschale legen. Diese abdecken. Die Pastinaken bei indirekter Hitze etwa 15-20 Minuten vorgaren.

Die Zuckerschoten halbieren, die Zwiebel fein würfeln, die Paprika grob würfeln und die Möhre in dünne Scheiben schneiden. Alles mit etwas Olivenöl in einem Grillwok anrösten. Nach etwa einer Minute mit dem Weißwein ablöschen, leicht salzen und pfeffern. Das Gemüse nur so lange garen, dass es noch bissfest ist.

Zwischenzeitlich das Kräuteröl aus der fein gehackten Knoblauchzehe, den frischen Kräutern und dem Olivenöl mischen.

Nun die Pastinaken bei starker direkter Hitze grillen, bis ein gutes Röstaroma entsteht.

Das Wokgemüse auf einen Teller geben und die fertig gegrillten Pastinaken darauf platzieren. Zum Schluss noch mit dem Kräuteröl beträufeln.

Mit frischem Brot und/oder einem vegetarischen Grillburger servieren.

11. GRILL-SANDWICH MIT KÄSE-APFEL-FÜLLUNG

Vorbereitungszeit: 5 Minuten | Zubereitungszeit: 15 Minuten | Schwierigkeitsgrad: leicht

Zutaten:
4 Scheiben Vollkorn-Toast
1 Apfel
4 Scheiben Käse nach Wahl
25 g Butter o. Margarine

Zubereitung:

Die Toastscheiben mit Butter oder Margarine bestreichen. Auf dem Grillrost von beiden Seiten kurz anrösten. Toast wieder vom Grill nehmen und mit Käsescheiben belegen. Wer es eher mild mag, nimmt hier jungen Gouda. Wer es hingegen herzhafter bevorzugt, nimmt z. B. Edamer oder Tilsiter.

Den Apfel waschen, das Gehäuse entkernen und mit Schale in dünne Scheiben schneiden. Diese nun auf die Käsescheiben legen.

Die belegten Toastscheiben mit einer weiteren Toastscheibe abdecken und bei indirekter Hitze auf den Grill legen. Die Grill-Sandwiches sind fertig, sobald der Käse geschmolzen ist.

12. KARTOFFELSCHALEN MIT PAPRIKAFÜLLUNG

Vorbereitungszeit: 60 Minuten | Zubereitungszeit: 75 Minuten | Schwierigkeitsgrad: mittel

Zutaten:
4 mittelgroße Kartoffeln
½ rote Paprika
½ gelbe Paprika
½ grüne Paprika
1 Zwiebel
1 EL Zuckerrübensirup
25 g geriebener Parmesan
25 g geschmolzene Butter
Sonnenblumenöl
Meersalz und Pfeffer
1 TL Whiskey

Zubereitung:

Zuerst den Grill auf 220 Grad vorheizen.

Die Kartoffeln gleichmäßig und komplett mit etwas Sonnenblumenöl und Salz bestreichen, dann für etwa 45 Minuten auf den Grill legen.

Alle 3 Paprikahälften und die geschälte Zwiebel fein würfeln und in einer Grillpfanne mit etwas Öl anbraten. Währenddessen gut salzen und pfeffern und mit dem TL Whiskey ablöschen. Wer keinen Alkohol mag, kann diesen natürlich auch weglassen. Den Zuckerrübensirup hinzufügen und das Gemüse nochmals braten, bis der Sirup karamellisiert ist.

Die Kartoffeln vom Grill nehmen, sofern sie schon weich sind, jeweils in Hälften schneiden und das Innere bis auf ca. 2 mm herauslöffeln.

Die Kartoffeln mit der zwischenzeitlich geschmolzenen Butter bestreichen und nochmals für ca. 30 Minuten grillen.

Zum Schluss das Paprikagemüse in die Kartoffelschalen füllen und mit Parmesan bestreuen. Das Ganze noch einmal auf den Grill legen und warten, bis der Käse geschmolzen und leicht angebräunt ist.

13. PANCAKES MAL ANDERS

Vorbereitungszeit: 15 Minuten | Zubereitungszeit: 8 Minuten | Schwierigkeitsgrad: leicht

Zutaten:
½ Knolle Sellerie
1 Möhre
50 g Emmentaler
1 Ei
1 EL Milch
1 ½ EL Mehl
50 g gemahlene Haselnusskerne
etwas Muskatnuss
Salz und Pfeffer

Zubereitung:

Die Sellerieknolle schälen und raspeln, die Möhre ebenso. Nun das Ei, das Mehl und die Milch dazugeben und alles gut vermengen. Anschließend noch die gemahlenen Haselnusskerne untermischen. Das Ganze mit Salz, Pfeffer und Muskat würzen.

Mit Hilfe von 2 Esslöffeln kleine Häufchen der Masse auf eine heiße Grillplatte geben und plattdrücken. Je 3-4 Minuten von beiden Seiten braten. Währenddessen etwas Emmentaler auf die Pancakes streuen. Alternativ kann auch eine andere Käsesorte verwendet werden.
Wenn die Pancakes goldbraun und schön kross geworden sind, vom Grill nehmen und gleich servieren.

14. GRILLGEMÜSEPFANNE

Vorbereitungszeit: 20 Minuten | Zubereitungszeit: 20 Minuten | Schwierigkeitsgrad: leicht

Zutaten:
½ Aubergine
½ Zucchini
½ rote Paprika
½ gelbe Paprika
3 Cocktailtomaten
1 Zwiebel
1 Knoblauchzehe
1 EL Olivenöl
frische Kräuter nach Belieben
scharfes Paprikapulver
Salz und Pfeffer

Zubereitung:

Das Gemüse waschen und in Stücke schneiden. Die Knoblauchzehe und die Zwiebel schälen und fein hacken. Die Tomaten waschen und vierteln.

Als Nächstes den Grill vorheizen.

Das Olivenöl in eine Grillpfanne oder in einen Wok geben, den Knoblauch und die Zwiebel hinzufügen und leicht anbraten. Danach die Gemüsestücke dazugeben. **Tipp:** Nicht zu häufig umrühren, da das Gemüse sonst schnell zu weich wird.

Nun noch die Tomaten untermengen und mit Salz, Pfeffer und scharfem Paprikapulver abschmecken. Das Ganze etwa 10 Minuten garen. Ein paar frisch gehackte Kräuter wie z. B. Petersilie, Thymian und/oder Rosmarin zu der Gemüsemischung geben und noch ein paar Minuten weitergaren lassen, sodass es noch ein wenig knackig ist, wenn es auf den Teller kommt.

Mit Reis oder Brot serviert ist dieses Rezept ein tolles und vor allem gesundes Hauptgericht.

15. GEGRILLTE VEGGIE-PÄCKCHEN

Vorbereitungszeit: 10 Minuten | Zubereitungszeit: 25 Minuten | Schwierigkeitsgrad: leicht

Zutaten:
4 Stangen grüner Spargel
2 Möhren
1 Avocado
10 Cocktailtomaten
1 rote Paprika
1 Frühlingszwiebel
200g Feta
2 Zweige frischer Rosmarin
2 Zweige frischer Thymian
etwas Paprikapulver
Salz und Pfeffer
gemahlenes Chilipulver (optional)
2 EL Rapsöl

Zubehör:
2 x Backpapier
Kordel

Zubereitung:

Die beiden Backpapierzuschnitte zunächst mit etwas Öl bepinseln.

Den Spargel, die Möhren und die Avocado schälen und in Stücke schneiden. Die Cocktailtomaten waschen und halbieren. Die Paprika waschen, den Strunk herausschneiden, entkernen und in Stücke schneiden. Die Frühlingszwiebel putzen, waschen und in Ringe schneiden.

Die Rosmarin- und Thymian-Zweige waschen und trocken tupfen.

Den Feta aus der Packung nehmen, abtropfen lassen und in Würfel schneiden.

Jeweils die Hälfte von allem auf den Backpapierbogen verteilen und mit etwas Salz, Pfeffer und Paprikapulver würzen. Wer mag, kann auch noch ein wenig gemahlenes Chilipulver hinzufügen. Etwas Rapsöl auf die Mischung träufeln und die Kräuter dazulegen.

Nun das Backpapier der Gemüse-Päckchen zusammenraffen und das Ganze wie ein Bonbon rechts und links mit Kordel zusammenknoten.

Beide Päckchen auf den Grill legen und bei indirekter Hitze etwa 25 Minuten garen.

Die Veggie-Päckchen sind perfekt, wenn das Gemüse noch etwas Biss hat.

16. PIKANTE WAFFELN AUS KARTOFFELN

Vorbereitungszeit: 15-20 Minuten | Zubereitungszeit: 8-10 Minuten | Schwierigkeitsgrad: leicht

Zutaten:
400 g festkochende Kartoffeln
1 kleine Zwiebel
1 Ei
30 g Mehl
Salz und Pfeffer
geriebene Muskatnuss
1 Handvoll frische gehackte Kräuter nach Wahl
1 gehackte Knoblauchzehe
1 EL Sonnenblumenöl

Zubehör:
Reibe oder Küchenmaschine
Waffeleisen

Zubereitung:

Die Zwiebel schälen und fein würfeln. Kartoffeln ebenfalls schälen und dann reiben. Bestenfalls mit Hilfe einer Küchenmaschine. Wer keine hat, nimmt eine einfache Küchenreibe. Anschließend die Kartoffelmasse in ein Geschirrtuch geben und die Flüssigkeit herausdrücken.

Nun die gewürfelte Zwiebel und die geriebenen Kartoffeln mit dem Ei, dem Mehl, den Gewürzen und der gehackten Knoblauchzehe in eine Schüssel geben und zu einem geschmeidigen Teig verarbeiten. Ganz zum Schluss die frischen Kräuter unterheben.

Das Waffeleisen einschalten, mit etwas Öl bepinseln und dann löffelweise den Kartoffel-Teig auf der Backfläche verteilen. Nach etwa 5 Minuten ist die erste Waffel vorgebacken. Mit den nächsten Waffeln genauso verfahren. Alle Waffeln zunächst auf einem Teller abkühlen lassen und später auf dem Grill fertig rösten.

Dazu Aioli oder Tzatziki servieren.

17. SUPER EINFACH, SUPER LECKER: CHIPS AUS GRÜNKOHL

Vorbereitungszeit: 5 Minuten | Zubereitungszeit: 60 Minuten | Schwierigkeitsgrad: leicht

Zutaten:
100 g Grünkohl
1 EL Olivenöl
Meersalz
optional noch andere Gewürze

Zubereitung:

Den Grünkohl putzen, waschen, trocknen und nur die weichen Blattteile in mundgerechte Stücke zupfen.

Das Olivenöl mit dem Meersalz und ggf. noch anderen Gewürzen (z. B. Chilipulver) in einer Schüssel vermengen, die Grünkohl-Stücke dazugeben und mehrmals in der Ölmischung hin und her wenden.

Nun den Grünkohl bei maximal 130 Grad auf dem Grillrost etwa 60 Minuten trocknen lassen. Fertig ist der gesunde Knabberspaß!

18. DELIKATER GRILL-KOHLRABI

Vorbereitungszeit: 5 Minuten | Zubereitungszeit: 15 Minuten | Schwierigkeitsgrad: leicht

Zutaten:
2 Kohlrabi
½ Knoblauchzehe
2 Thymian-Zweige
Balsamico Essig
Salz und Pfeffer
Olivenöl

Zubereitung:

Die Kohlrabi schälen und in Scheiben schneiden.

Den Knoblauch schälen und zusammen mit etwas Salz und Olivenöl in einem Mörser zu einer Creme verrühren.

Die Kohlrabi-Scheiben auf beiden Seiten mit Olivenöl einpinseln und auf dem Grill ca. 10-15 Minuten weich braten. Nach ca. 10 Minuten die Thymian-Zweige dazulegen und den Kohlrabi mit der Knoblauch-Creme bestreichen.

Die fertig gegarten Kohlrabi-Scheiben mit Salz und Pfeffer würzen, mit etwas Balsamico Essig beträufeln und servieren. Dazu passen z. B. knusprige Grill-Kartoffeln.

19. PAK CHOI AUS DER GRILLSCHALE

Vorbereitungszeit: 75 Minuten | Zubereitungszeit: 8 Minuten | Schwierigkeitsgrad: leicht

Zutaten:
400 g Pak Choi
½ Chilischote
1 ½ Knoblauchzehen
ein kleines Stück Ingwer
½ rote Zwiebel
2 Frühlingszwiebeln
1 Bio Limette
1 Handvoll frischer Koriander
1 TL Sesamsamen
2 EL Sesamöl
2 EL Olivenöl
1 EL helle Sojasauce
1 EL Weißwein Essig
Salz und Pfeffer

Zubereitung:

Den Pak Choi waschen und trocknen. Dann den Strunk abschneiden und den Kopf längs halbieren. Die Chilischote waschen, aufschneiden und die Kerne entfernen. Den Knoblauch und Ingwer schälen und klein hacken. Die Limette heiß abwaschen, die Schale abreiben und ihren Saft auspressen. Die halbe Zwiebel schälen und in feine Würfel schneiden. Die Frühlingszwiebeln putzen, waschen und in dünne Ringe schneiden. Den frischen Koriander waschen, trocken tupfen und zerkleinern.

Bis auf den Koriander alles in eine Schüssel geben und vermengen. Den Pak Choi gleichmäßig in der Marinade hin und her wenden und etwa 60 Minuten ziehen lassen.

Derweil den Grill vorbereiten.

Nun den Pak Choi mit der Marinade in eine passend große Grillschale füllen und bei indirekter Hitze etwa 8 Minuten grillen. Das Gemüse gelegentlich wenden. Die Grillschale vom Grill nehmen, wenn der Pak Choi bissfest ist.

Das Grillgemüse mit dem frischem Koriander garnieren und z. B. mit einer vegetarischen Fleischalternative servieren.

20. FRUCHTIGE JACKFRUIT-GNOCCHI-SPIEßE

Vorbereitungszeit: 45 Minuten | Zubereitungszeit: ca. 20 Minuten | Schwierigkeitsgrad: leicht

Zutaten:
½ Dose Jackfruit
1 Nektarine
½ Zucchini
½ Packung Gnocchi
1 rote Paprika

Für die Marinade:
2 EL Sojasauce
1 EL Olivenöl
1 EL Agavendicksaft
1 EL Grillgewürz
Salz und Pfeffer

Zubereitung:

Als Erstes 6 Holzspieße in Wasser legen und 30 Minuten einweichen lassen.

Die Jackfruit aus der Dose nehmen und abtropfen lassen. In eine Schale mit kaltem Wasser legen und wässern. Danach mit den Händen auspressen.

Alle Zutaten für die Marinade in eine Schüssel geben und gut vermischen. Anschließend die Jackfruit hinzufügen und unter mehrfachem Wenden alles gut vermengen. Etwa 15 Minuten ziehen lassen.

Zwischenzeitlich die Gnocchi in einen Topf mit kochendem Salzwasser geben und 2-3 Minuten darin ziehen lassen, bis sie an der Oberfläche schwimmen. Dann abgießen und gut abtropfen lassen.

Die Nektarine waschen, halbieren und den Kern entfernen. Anschließend in Stücke schneiden. Die Zucchini waschen und in Scheiben schneiden. Die Paprika waschen, halbieren, entkernen und in mundgerechte Stücke schneiden.

Nun alle Zutaten im Wechsel auf die Spieße stecken, noch etwas salzen und pfeffern und auf den heißen Grillrost legen. Unter mehrmaligem Wenden ca. 15-20 Minuten grillen.

Die fertigen Spieße mit Brot oder einem leckeren Dip servieren.

21. SÜßKARTOFFEL BOWL MIT VIEL GEMÜSE

Vorbereitungszeit: 30 Minuten | Zubereitungszeit: 40 Minuten | Schwierigkeitsgrad: mittel

Zutaten:
1 Zwiebeln
1 kleine Süßkartoffel
6 grüne Spargelstangen
2 große Champignons
1 Tomate
5 TL Kokosöl
50 g Babyspinat
200 g Kichererbsen
½ TL Knoblauchpulver
½ TL Chilipulver
¼ TL Kurkuma
Salz und Pfeffer
75 ml Wasser

Für das Dressing:
50 g Sesampaste (= Tahin)
1 TL Reissirup
1 Limette (Saft und Abrieb)
3 TL warmes Wasser

Zubereitung:

Die Zwiebel schälen und achteln. Die Süßkartoffel waschen und in Stücke oder Scheiben schneiden. Den Spargel und die Champignons putzen und waschen. Die Tomate waschen und vierteln. Alles mit dem Kokosöl vermischen oder bestreichen.

Die Kichererbsen in ein Sieb geben, mit reichlich Wasser ausspülen und abtropfen lassen.

Die Zutaten für das Dressing verrühren und mit Salz und Pfeffer abschmecken.

Den Spinat waschen und trocken tupfen. Das ganze Gemüse salzen und pfeffern.

Nun den Grill auf 200 Grad erhitzen.

Zuerst die Kartoffeln bei indirekter Hitze etwa 40 Minuten garen.

Nach 20 Minuten eine Grillpfanne vorheizen. Ist sie heiß, etwas Kokosöl darauf verteilen und die Kichererbsen anrösten. Gleich darauf die Gewürze hinzufügen. Dann das Wasser dazugeben und alles etwa 10 Minuten köcheln lassen, bis das Wasser komplett aufgesogen ist.

Nun die Zwiebel, den Spargel und die Champignons bei direkter Hitze grillen. Erst zum Schluss die Tomatenstücke dazugeben.

Den Babyspinat auf 2 Schalen verteilen. Anschließend erst die Kichererbsen und dann das Gemüse darüber verteilen. Zum Abschluss nur noch das Tahin-Dressing hinzufügen.

22. GEGRILLTES WURZEL- UND KNOLLENGEMÜSE

Vorbereitungszeit: 15 Minuten | Zubereitungszeit: 40 Minuten | Schwierigkeitsgrad: leicht

Zutaten:
250 g Kartoffeln
200 g Möhren
150 g vorgekochte rote Beete
200 g weiße Rüben
150 g Wurzelpetersilie
150 g Topinambur
2 Knoblauchzehen
1 rote Zwiebel
2 TL Rapsöl
2 frische Thymianzweige
Salz und Pfeffer
etwas Petersilie

Zubereitung:

Die Kartoffeln, Möhren, den Topinambur, die Wurzelpetersilie und die rote Zwiebel schälen und in nicht zu kleine Würfel schneiden.

Den Knoblauch schälen und grob hacken.

Alles zusammen in einen Grill-Wok geben und mischen. Gut salzen und pfeffern und die Thymianzweige auf das Gemüse legen. Zum Schluss noch das Rapsöl hinzufügen.

Die Petersilie waschen und fein hacken. Außerdem die rote Beete in mundgerechte Würfel schneiden.

Den Wok auf den Grill stellen, Deckel schließen und das Gemüse ungefähr 40 Minuten bei 200 Grad garen.

Erst dann die rote Beete dazugeben und alles nochmal kurz erhitzen. Mit Salz und Pfeffer nachwürzen und mit Petersilie garnieren.

23. GEMÜSE-ANANAS-SPIEßE

Vorbereitungszeit: 45 Minuten | Zubereitungszeit: ca. 15 Minuten | Schwierigkeitsgrad: leicht

Zutaten:

10 kleine Portobello-Pilze
je ½ rote, grüne und gelbe Paprika
10 Datteltomaten
10 kleine Silberzwiebeln aus dem Glas
½ frische, in Quadrate geschnittene Ananas
1 ½ EL Olivenöl
½ EL Balsamico Essig
Salz und Pfeffer
½ EL Paniermehl
1 kleingehackte Knoblauchzehe
etwas frisches Estragon
etwas Chilipulver

Zubereitung:

Die Pilze säubern. Die gewaschenen und entkernten Paprikaschoten in mundgerechte Stücke schneiden. Zusammen mit den Tomaten, Silberzwiebeln und Ananasstücken in eine Schüssel geben. Reichlich Olivenöl und ein paar Spritzer Balsamico dazugeben. Mit Salz, frisch gemahlenem Pfeffer und etwas Chilipulver würzen. Dann den Knoblauch und den Estragon hinzufügen und das Paniermehl darüber streuen. Alles gut vermengen. Eventuell noch etwas nachwürzen.

Die Mischung etwa 30 Minuten ziehen lassen. Danach alles abwechselnd auf Spieße stecken. Die übriggebliebene Marinade in eine kleine Schale füllen und die Spieße während des Grillvorgangs hin und wieder damit bestreichen. Die Spieße sind nach ca. 15 Minuten gar und servierfähig.

24. FETA-KOHLRABI-PÄCKCHEN

Vorbereitungszeit: 20 Minuten | Zubereitungszeit: 20 Minuten | Schwierigkeitsgrad: leicht

Zutaten:
4 Kohlrabi-Blätter
200 g Feta
4 frische Thymianzweige
4 frische Rosmarinzweige
½ Bio-Zitrone
Olivenöl

Zubehör: Zahnstocher

Zubereitung:

Die Kohlrabi-Blätter waschen, Stiel abschneiden und Strunk weichklopfen. Beidseitig mit Olivenöl bestreichen.

Zahnstocher in Wasser einweichen.

Den Feta vierteln und in die Mitte der Kohlrabi-Blätter legen. Die Bio-Zitrone waschen und in dünne Scheiben schneiden. Zusammen mit den Kräuterzweigen auf dem Feta verteilen.

Die Kohlrabi-Blätter so einschlagen, dass jeweils ein Päckchen entsteht. Anschließend mit einem Zahnstocher fixieren.

Die Feta-Kohlrabi-Päckchen auf den heißen Grillrost legen und von beiden Seiten je 5 Minuten direkt grillen. Danach noch 10 Minuten bei indirekter Hitze garen.

25. FEIN-WÜRZIGE BRUSCHETTA

Vorbereitungszeit: 30 Minuten | Zubereitungszeit: 4 Minuten | Schwierigkeitsgrad: leicht

Zutaten:
3 Tomaten
1 kleine rote Zwiebel
1 Knoblauchzehe
50 ml Olivenöl
Salz und Pfeffer
1 Handvoll frischer Basilikum
½ Weißbrot

Zubereitung:

Die Tomaten für knapp eine Minute in kochendes Salzwasser geben. Danach in Eiswasser abschrecken. Nun die Tomatenhaut abziehen. Anschließend aufschneiden und das Innere entfernen. Nur das Fruchtfleisch bleibt übrig und wird fein gewürfelt.

Die Zwiebel schälen und ebenfalls fein würfeln. Das Basilikum kleinhacken. Alles vermengen und mit Salz, Pfeffer und Olivenöl würzen.

Das Weißbrot in dicke Scheiben schneiden und kurz auf dem Grill anrösten. Mit der geschälten Knoblauchzehe die Weißbrotscheiben einreiben. Dann die Tomatenmischung darauf verteilen. Mit etwas Basilikum garnieren.

Bruschetta vom Grill ist eine ideale Vorspeise!

26. KARTOFFELN AU CITRON

Vorbereitungszeit: 20 Minuten | Zubereitungszeit: ca. 30 Minuten | Schwierigkeitsgrad: leicht

Zutaten:
400 g kleine Kartoffeln
1 ½ Knoblauchzehen
½ Bio-Zitrone
2 EL Olivenöl
Salz und Pfeffer

Zubereitung:

Die Kartoffeln gründlich waschen und in Salzwasser etwa 15 Minuten vorkochen.

Den Knoblauch schälen und hacken. Die Bio-Zitrone mit heißem Wasser waschen und abtrocknen. Die Schale abreiben und den Saft auspressen. Beides mit dem gehackten Knoblauch und dem Olivenöl mischen. Mit Salz und Pfeffer würzen.

Die vorgekochten Kartoffeln abkühlen lassen und großzügig mit dem Zitronen-Knoblauch-Öl bestreichen.

Die Kartoffeln in eine Grillschale legen und goldbraun rösten. Zwischendurch wenden.

Mit einem pikanten Kräuterquark servieren.

27. GEGRILLTE GRÜNKERN-KEBABS

Vorbereitungszeit: ca. 1,5 Stunden | Zubereitungszeit: ca. 5 Minuten | Schwierigkeitsgrad: mittel

Zutaten:

200 g Grünkern
100 g Zwiebeln
1 Knoblauchzehe
100 g Kartoffeln
1½ EL Sonnenblumenöl
¼ EL Kreuzkümmelsamen
½ EL Fenchelsamen
½ EL braune Senfsamen
½ TL Cayennepfeffer
¼ Bund Petersilie
5 Minzblätter
1 Ei
1 EL Paniermehl
Salz und Pfeffer
200 g rote Bete
¼ Bund Koriander
1 EL Dill
1 ½ EL griechischer Joghurt
½ TL Zucker
2 EL Mayonnaise
½ - 1 TL Tandoori-Pulver
½ TL Schwarzkümmel-Samen
½ TL Chiliflocken
etwas Petersilie und Dill

Zubereitung:

Den Grünkern waschen und in Wasser aufkochen. Bei kleiner Hitze und mit Deckel etwa 40 bis 50 Minuten köcheln lassen, abgießen und abkühlen lassen.

Die Zwiebeln, den Knoblauch und die Kartoffeln schälen und dann alles klein hacken. Das Sonnenblumenöl in einer Pfanne erhitzen. Zwiebeln, Knoblauch und Kartoffeln ca. 5 Minuten darin anbraten. Die Kräuter (Kreuzkümmel, Fenchel, Senfsamen und Cayennepfeffer) hinzufügen. Das Ganze mit 100 ml Wasser ablöschen und weiter braten, bis das Wasser komplett verdunstet ist. Regelmäßig umrühren. Die Pfanne vom Herd nehmen und die Masse abkühlen lassen.

Die Petersilie und Minzblätter waschen, trocknen und kleinhacken. Dann die frischen Kräuter zusammen mit dem Grünkern, der Kartoffelmasse, dem Ei und Paniermehl vermischen und ordentlich salzen und pfeffern. Alles zu 4 Kebabs um Spieße aus Metall herum formen. Im Kühlschrank ungefähr 30 Minuten ziehen lassen.

Währenddessen die rote Bete schälen und grob raspeln. Den Koriander und Dill fein hacken. Die beiden Kräuter mit der roten Bete, dem griechischen Joghurt und dem Zucker mischen und mit Salz und Pfeffer abschmecken.

Die Mayonnaise mit dem Tandoori-Pulver und 1–2 TL Wasser verrühren.

Die Grünkern-Kebab-Spieße bei direkter Hitze ca. 2-3 Minuten je Seite grillen. Vom Grill nehmen und mit der Tandoori-Mayonnaise und der Rote-Bete-Mischung auf Tellern platzieren. Zum Schluss noch mit etwas Schwarzkümmelsamen, Chiliflocken, Petersilie und Dill garnieren.

28. YUFKA-PÄCKCHEN MIT MANGOLD

Vorbereitungszeit: 40 Minuten | Zubereitungszeit: 6 Minuten | Schwierigkeitsgrad: mittel

Zutaten:
2 Yufkateig-Blätter (aus dem Kühlregal)
etwas frische Minze
1 Salatgurke
1 EL Weißweinessig
Salz und Pfeffer
1 ½ EL Olivenöl
250 g Mangold
2 EL Wasser
½ kleine Zwiebel
½ Knoblauchzehe
etwas Kümmel
½ Glas geröstete Paprika
15 g gemahlene Mandeln
65 g Feta

Zubereitung:

Die Yufkateig-Blätter 10 Minuten vor ihrer Verwendung aus dem Kühlschrank nehmen. Die Minze waschen und fein hacken. Die Gurke waschen und entweder grob raspeln oder in hauchdünne Scheiben schneiden. Den Weißweinessig mit Salz, Pfeffer und 1 EL Olivenöl vermengen. Die Sauce mit der Gurke mischen und die Minze hinzufügen.

Den Mangold waschen und gut abtropfen lassen. Nun die Blätter in feine Streifen schneiden und die Stiele würfeln. Die Zwiebel und den Knoblauch schälen, kleinhacken und anschließend in etwas Olivenöl andünsten.

Den Mangold dazugeben und mit etwas Wasser ablöschen. Etwa 5 Minuten bei geschlossenem Deckel dünsten. Dann Kümmel, Salz und Pfeffer hinzufügen. Die Paprika aus dem Glas abgießen und mit den gemahlenen Mandeln pürieren. Mit Salz abschmecken. Den Feta zerkleinern.

Den Yufkateig in 8 Stücke schneiden und mit etwas Wasser bepinseln. Auf jedes Teigstück einen gehäuften TL Paprika-Dip geben. Nun erst den Mangold und dann den Feta darauf verteilen. Den Teig so einschlagen, dass er die Füllung komplett einschließt.
Um jedes Päckchen noch ein weiteres Teigstück legen.

Die Yufka-Päckchen von beiden Seiten für je 3 Minuten auf dem heißen Grill rösten. Mit dem Gurkensalat und dem restlichen Paprika-Dip servieren.

29. PILZSPIEßE MIT APFELSAUCE

Vorbereitungszeit: 25 Minuten | Zubereitungszeit: 10 Minuten | Schwierigkeitsgrad: leicht

Zutaten:

1 kleiner roter Apfel
½ rote Zwiebel
½ rote Chili
1 Handvoll Petersilie
1 EL Zitronensaft
½ TL Honig
1 ½ EL Olivenöl
Salz und Pfeffer
250 g frische Champignons
1 grüne Paprika
2 Scheiben Vollkornbrot

Zubereitung:

Den Apfel waschen, in vier Hälften schneiden, entkernen und grob reiben. Die halbe Zwiebel, die halbe Chili und die Petersilie kleinhacken und in einer Schüssel mit Zitronensaft, Honig, Olivenöl, Salz und Pfeffer vermengen. Etwa 15 Minuten ziehen lassen.

Champignons putzen. Paprika waschen, halbieren, entkernen und in mundgerechte Stücke schneiden. Beides abwechselnd auf 6 Holzspieße stecken. Mit etwas Olivenöl bepinseln und leicht salzen und pfeffern. Für ca. 10 Minuten auf den heißen Grillrost legen. Mehrmals wenden.

Zusammen mit der Apfelsauce und dem Vollkornbrot genießen.

30. VEGETARISCHER BACON

Vorbereitungszeit: 10 Minuten | Zubereitungszeit: 10 Minuten | Schwierigkeitsgrad: leicht

Zutaten:
5 Reispapier-Blätter
1 EL Rapsöl
1½ EL Sojasauce
½ TL Liquid Smoke Würzsauce
¼ EL Ahornsirup
½ TL Knoblauchpulver
¼ TL geräuchertes Paprikapulver
Salz und Pfeffer

Zubereitung:

Das Reispapier in ca. 4 cm breite Streifen schneiden. Je zwei Reispapierstreifen von beiden Seiten mit Wasser bepinseln und aufeinanderlegen. Mit den anderen Reispapierstreifen genauso verfahren.

Das Rapsöl und alle Gewürze verrühren und die Reispapierstreifen von beiden Seiten damit bestreichen. Nun alle Streifen auf den heißen Grillrost legen. Gelegentlich wenden. Nach 8-10 Minuten sind sie fertig.

Tipp: Gut auskühlen lassen. Erst dann werden sie richtig knusprig.

31. BLUMENKOHLSTEAKS VOM GRILL

Vorbereitungszeit: ca. 20 Minuten | Zubereitungszeit: ca. 10 Minuten | Schwierigkeitsgrad: leicht

Zutaten:
500 g Blumenkohl
1 EL frischer Zitronensaft
1 Knoblauchzehe
etwas Curry
etwas Muskat
2 EL Öl nach Wahl
Salz und Pfeffer

Zubereitung:

Den Blumenkohl in große Stücke schneiden, waschen und ca. 5 Minuten in Salzwasser blanchieren. Gleich danach in eiskaltes Wasser legen.

Den Knoblauch schälen und kleinhacken. Danach mit dem Öl vermischen und die anderen Gewürze untermischen.

Nun den abgekühlten Blumenkohl in die Öl-Mischung legen und mit Salz und Pfeffer würzen. Etwa 10 Minuten ziehen lassen.

Den Blumenkohl in große Scheiben schneiden und auf dem heißen Grill von beiden Seiten goldbraun rösten. Zum Schluss den Zitronensaft über den Blumenkohl träufeln und z. B. mit einer ebenfalls gegrillten vegetarischen Fleischalternative servieren.

Tipp: Als Anregung zur Fleischalternative schauen Sie einfach ins nächste Rezept!

32. WÜRZIGER TOFU VOM SPIEß

Vorbereitungszeit: mind. 4 Stunden | Zubereitungszeit: ca. 10 Minuten | Schwierigkeitsgrad: leicht

Zutaten:
½ TL Ingwerpulver
¼ TL Nelkenpulver
2 EL Öl nach Wahl
3 EL Orangensaft
Salz und Pfeffer
6 EL Sojasauce
400 g Naturtofu
5 Wacholderbeeren
1 Zwiebel
8 EL Wasser

Zubereitung:

Die Zwiebel schälen, kleinhacken und mit etwas Öl in einer Pfanne anrösten. Ingwer- und Nelkenpulver sowie Salz und Pfeffer hinzufügen und mit der Zwiebel vermengen. Dann die Sojasauce, den Orangensaft und das Wasser dazugeben und kurz aufkochen lassen.

Die fertige Marinade in eine Schale füllen und zum Abkühlen zur Seite stellen.

Den Naturtofu in mundgerechte Stücke schneiden und auf Spieße stecken. Danach in die Marinade legen und 3-4 Stunden ziehen lassen. Falls möglich über Nacht.

Die marinierten Spieße auf dem eingeölten Grillrost braten. Mehrmals wenden. Sind sie außen schön kross und angebräunt, sind die Tofu-Spieße fertig.

33. GEMÜSE-GRILLMIX MIT BRIE UND MOHN

Vorbereitungszeit: 20 Minuten | Zubereitungszeit: 45-50 Minuten | Schwierigkeitsgrad: leicht

Zutaten:

2-3 EL eingelegte kleine Silberzwiebeln
250 g junge Kartoffeln
1 EL Mohn
40 ml Öl
3 Pastinaken
1 Süsskartoffel
150 g Möhren
100 g Briekäse

Zutaten für das Dressing:

1 Knoblauchzehe
65 ml Orangensaft
½ EL Senf
½ TL Sesamöl
½ TL Weinessig

Zubereitung:

Zunächst die Kartoffeln, Pastinaken und Möhren schälen und in Stücke oder Würfel schneiden. Dann mit den Silberzwiebeln und dem Öl vermengen.

Alles in eine große Grillschale füllen und auf dem Grill so lange garen, bis das Gemüse kross und bissfest ist. Gelegentlich wenden. Danach mit dem Mohn bestreuen.

In der Zwischenzeit das Dressing zubereiten. Dafür den Orangensaft, 1 geschälte, fein gehackte Knoblauchzehe, ½ EL Senf, ½ TL Weinessig und ½ TL Sesamöl in eine Schüssel geben und vermischen.

Das Dressing über das gegrillte Gemüse geben und auf Tellern anrichten. Vor dem Servieren noch den Briekäse auf das Gemüse verteilen.

Tipp: Je kleiner das Gemüse geschnitten wird, umso schneller ist es gar.

34. FEURIGE ZUCCHINI-SPIRALEN

Vorbereitungszeit: 10 Minuten | Zubereitungszeit: 30 Minuten | Schwierigkeitsgrad: leicht

Zutaten:
2 Zucchini
1 TL Chilipulver
2 TL Lauchasche
2 EL frisch geriebener Parmesan
etwas Olivenöl
5 EL Paniermehl
½ TL Meersalz
1 TL Knoblauchgranulat

Zubereitung:

Die Zucchini waschen, jeweils die Enden abschneiden und dann im Ganzen auf zwei Holzspieße stecken.

Die Zucchini rundherum so einschneiden, dass eine Spirale entsteht. Mit Olivenöl bepinseln, auch die Zwischenräume.

Nun die Gewürze, den geriebenen Parmesan, das Paniermehl und das Knoblauchgranulat vermischen und auf den Zucchini verteilen.

Die Spieße bei 200 Grad für etwa 30 Minuten auf den Grill legen. Mehrmals wenden, damit sie nicht anbrennen und gleichmäßig gar werden.

AUS ALLER WELT

1. THAI CURRY AUS DEM GRILLWOK

Vorbereitungszeit: 15 Minuten | Zubereitungszeit: 30 Minuten | Schwierigkeitsgrad: leicht

Zutaten:
200 Räuchertofu
1 EL Pflanzenöl
2 EL Sojasauce
1 kleines Stück Ingwer
200 ml Kokosmilch
1 Paprikaschote
1 ½ Frühlingszwiebeln
1 Möhre
50 g Brokkoli
2 EL Bambussprossen
2 EL Sojabohnen
½ EL brauner Zucker
½ TL Zitronengraspaste
1 EL Currypaste
1 Handvoll Cashewkerne

Zubereitung:

Den Räuchertofu in Würfel schneiden und den Ingwer kleinhacken. 1 EL Öl und 1 EL Sojasauce dazugeben. Etwa 30 Minuten ziehen lassen. Zwischenzeitlich das Gemüse kleinschneiden.

Den marinierten Tofu in einen Grillwok geben, kurz auf dem Grill anbraten, wieder aus dem Wok nehmen und beiseitestellen.

Nun die Currypaste und 1 EL Öl in den Wok geben und anrösten. Mit der Kokosmilch ablöschen. Das Gemüse hinzufügen und etwa 15 Minuten köcheln lassen.

Die Tofuwürfel nach 10 Minuten untermengen. Ebenso den braunen Zucker und die Zitronenpaste untermischen und das Ganze 5 Minuten weitergaren lassen.

Jetzt nur noch die Cashewkerne über dem Curry verteilen. Fertig!

2. BELGISCHE GRILL-POMMES

Vorbereitungszeit: 10 Minuten | Zubereitungszeit: 30 Minuten | Schwierigkeitsgrad: leicht

Zutaten:
250 g Kartoffeln
1 ½ EL Olivenöl
1 EL Paprikapulver
etwas Salz

Zubereitung:

Die Kartoffeln schälen und in ca. 1 cm dicke Streifen schneiden. Danach die Kartoffeln waschen, um die enthaltene Stärke zu entfernen. Nun die Pommes in eine Schüssel geben, das Olivenöl, Paprikapulver und Salz hinzufügen und alles gut vermengen.

Anschließend in eine Grillpfanne umschütten und bei geschlossenem Deckel etwas 30 Minuten auf dem Grill knusprig-braun grillen. Die Pommes zwischendurch wenden.

3. ITALIENISCHE GEMÜSEPLATTE

Vorbereitungszeit: 40 Minuten | Zubereitungszeit: 10-15 Minuten | Schwierigkeitsgrad: leicht

Zutaten:
1 gelbe Paprika
1 rote Paprika
1 Zucchini
½ Aubergine
2 Knoblauchzehen
6 Champignons
2 Thymianzweige
2 Rosmarinzweige
50 ml Olivenöl
½ EL Balsamico
Salz und Pfeffer

Zubereitung:

Die beiden Paprikaschoten waschen, halbieren, entkernen und in Stücke oder Streifen schneiden. Die Zucchini und die Aubergine ebenfalls waschen, jeweils die Enden entfernen und in Scheiben schneiden. Die Champignons säubern und ganz lassen.

Die Knoblauchzehen schälen und kleinhacken. Danach auch den Thymian und den Rosmarin kleinhacken. Mit dem Knoblauch in eine Schüssel geben und mit dem Olivenöl und Balsamico vermengen. Mit Salz und Pfeffer würzen. Das Gemüse unterheben und alles gut vermischen. Anschließend ca. 30 Minuten ziehen lassen.

Danach das Gemüse in einen Grillkorb füllen und 10-15 Minuten grillen, bis es bissfest ist.

Mit frischem Ciabatta servieren.

4. MEXIKANISCHE TACOS VOM GRILL

Vorbereitungszeit: 15 Minuten | Zubereitungszeit: 15-20 Minuten | Schwierigkeitsgrad: mittel

Zutaten:
6 Maistortillas

Für die Guacamole:
½ Avocado
½ TL Paprikapulver
etwas Kreuzkümmel
2 TL Zitronensaft
2 Spritzer Tabasco
Salz und Pfeffer

Für die Füllung:
ein paar Salatblätter
1 Frühlingszwiebel
1 mittelgroße Tomate
30 g Cheddar
ein paar Jalapeños aus dem Glas
200 g geschälte Tomaten aus der Dose
200 g schwarze Bohnen aus der Dose
1 Knoblauchzehe
etwas Cayennepfeffer
1 Msp. Kreuzkümmel
Salz und Pfeffer

Zubereitung:

Die Avocado halbieren, den Kern entfernen und das Fruchtfleisch herauslöffeln. Zusammen mit dem Paprikapulver, Kreuzkümmel, Zitronensaft, Tabasco in eine Schale geben und pürieren. Salzen und pfeffern.

Den Salat, die Frühlingszwiebel und die Tomate waschen. Die Frühlingszwiebel in Ringe schneiden, die Tomate würfeln. Den Cheddar reiben. Die Jalapeños abtropfen lassen und in feine Scheiben schneiden. Das Ganze beiseitestellen.

Die geschälten Tomaten abgießen und in kleine Stücke schneiden. Die Bohnen in ein Sieb geben, gut durchspülen und dann abtropfen lassen.

Die Bohnen und die Tomaten ca. 10 Minuten abgedeckt in einer Grillschale garen. Knoblauch schälen, kleinhacken und dazugeben. Das Ganze mit Cayennepfeffer, Kreuzkümmel, Salz und Pfeffer würzen. Weitere 5 Minuten garen lassen.

Die Maistortillas auf den Grillrost legen und kurz erwärmen. Vom Grillrost nehmen, mit den Salatblättern auslegen und mit der fertig gegarten Gemüsemischung, den frischen Tomaten, Frühlingszwiebeln und Jalapeños füllen. Zum Schluss noch die Guacamole darauf geben und mit dem geraspelten Cheddar bestreuen.

5. KOREANISCHE BRATKARTOFFELN

Vorbereitungszeit: ca. 10 Minuten | Zubereitungszeit: ca. 25 Minuten | Schwierigkeitsgrad: leicht

Zutaten:

400 g in Steifen geschnittene Kartoffeln
1 in Streifen geschnittene Möhre
1 gewürfelte Zwiebel
2 kleingehackte Knoblauchzehen
2 EL grob gehackte Frühlingszwiebeln
1-2 EL geröstete Sesamsamen
1-2 TL Sesamöl
2 EL Sojasauce
1 EL Reiswein
Salz
2 EL Öl nach Wahl

Zubereitung:

2 EL Öl in eine Grillschale geben und warten, bis es heiß ist. Dann die Kartoffeln, Karotten und Zwiebeln hinzugeben und für 15-20 Minuten auf dem Grill garen. Gelegentlich wenden.

Sobald alles gar ist, Knoblauch, Frühlingszwiebeln, Salz, Sojasauce und Reiswein hinzufügen, gut mischen und noch eine Weile weiter grillen lassen.

Schließlich noch das Sesamöl und die gerösteten Sesamsamen dazugeben und gut vermischen.

6. ORIENTALISCHE VEGGIE-SPIEßE

Vorbereitungszeit: 70 Minuten | Zubereitungszeit: 10-15 Minuten | Schwierigkeitsgrad: leicht

Zutaten:
1 rote Paprika
1 Zucchini
1 rote Zwiebel
4 große Champignons

Für die Marinade:
1 ½ EL Olivenöl
1 EL Zitronensaft
½ TL Chiliflocken
½ TL Paprikapulver
½ TL Kurkuma
½ TL Garam Masala
Salz

Für den Joghurt-Dip:
150 g Naturjoghurt
1 Knoblauchzehe
1 kleines Stück Ingwer
1 EL mittelscharfer Senf
½ EL Agavendicksaft
Salz und Pfeffer

Zubereitung:

Die Paprika waschen, halbieren, entkernen und in mundgerechte Stücke schneiden. Die Zucchini waschen und in Scheiben schneiden. Die Zwiebel schälen und vierteln. Die Champignons putzen und ebenfalls vierteln.

Das Olivenöl, den Zitronensaft und die Gewürze in eine Schüssel geben und vermischen. Das Gemüse dazugeben und alles gut vermengen. Etwa 60 Minuten ziehen lassen.

Inzwischen den Joghurt glatt rühren. Den Knoblauch schälen und kleinhacken. Den Ingwer schälen und reiben. Beides mit dem Senf und Agavendicksaft unter den Joghurt mischen und mit Salz und Pfeffer würzen.

Das marinierte Gemüse im Wechsel auf Spieße stecken und ca. 10 Minuten rundum grillen. Anschließend mit dem Joghurt-Dip servieren.

7. CHINA-GEMÜSE SÜß-SAUER

Vorbereitungszeit: 15 Minuten | Zubereitungszeit: 10 Minuten | Schwierigkeitsgrad: leicht

Zutaten:
1 grüne Paprika
1 rote Paprika
1 Möhre
75 g Ananasstücke aus der Dose
1 rote Zwiebel
1 Knoblauchzehe
1 EL Öl

Für die Sauce:
2 EL Pflaumen-Sauce
2 EL Ketchup
1 EL Reisessig
1 TL Sojasauce
1 TL Stärke
½ TL Reissirup
etwas Salz
5 EL Wasser

Zubereitung:

Die Paprikas waschen, halbieren, entkernen und in nicht allzu große Stücke schneiden. Die Möhre schälen und in dünne Scheiben schneiden. Die Zwiebel und die Knoblauchzehe schälen und hacken.

Die Pflaumensauce, den Ketchup, Essig und die Sojasauce in eine Schale geben und vermengen. Danach erst Salz und Reissirup und anschließend das Wasser und die Stärke hinzufügen. Alles gründlich vermengen.

1 EL Öl in einer Grillpfanne erhitzen und dann den Knoblauch und die Zwiebel bei starker Hitze darin anrösten.

Nun die Paprikastücke und die Möhrenscheiben hinzugeben und für ungefähr 3-4 Minuten anbraten. Zwischendurch umrühren.

Zum Schluss die Ananasstücke und die Soße untermischen und noch etwa 2-3 Minuten garen lassen. Mit gekochtem oder gebratenem Reis servieren.

8. ELSÄSSISCHER FLAMMKUCHEN

Vorbereitungszeit: 75 Minuten | Zubereitungszeit: 8 Minuten | Schwierigkeitsgrad: mittel

Zutaten:
Für den Teig:
100 g Weizenmehl
50 ml kaltes Wasser
15 ml Weißwein
1 EL Olivenöl
½ TL Salz

Für den Belag:
½ Zucchini
2 Stangen weißer Spargel
2 Stangen grüner Spargel
1 rote Zwiebel
½ rote Paprika
½ gelbe Paprika
50 g Mais aus der Dose
125 g Crème fraîche
2 EL Ajvar
etwas Olivenöl
Salz und Pfeffer

Zubehör: Pizzastein

Zubereitung:

Die Zucchini längs halbieren und in dünne Scheiben schneiden. Den Spargel erst bissfest blanchieren, dann schräg in Scheiben schneiden. Die Zwiebel in dünne Ringe und die Paprikas in kleine Rechtecke schneiden.

Alle Zutaten für den Teig ca. 5 Minuten mischen und gut durchkneten. Dann 45 Minuten abgedeckt ruhen lassen. 2 Kugeln aus dem Teig formen und nochmals 15 Minuten ruhen lassen.

Zwischenzeitlich den Grill für indirekte Hitze mit einem Pizzastein vorheizen.

Crème fraîche und Ajvar vermischen und mit etwas Salz abschmecken. Nun die beiden Teigkugeln auf einer bemehlten Fläche hauchdünn ausrollen und die Creme-Mischung und das Gemüse darauf verteilen. Etwas salzen.

Erst einen Flammkuchen auf dem Pizzastein für etwa 8 Minuten backen, dann den zweiten. Zum Schluss mit etwas Olivenöl beträufeln und leicht pfeffern.

9. VEGETARISCHE GRILL-TAPAS

Vorbereitungszeit: 5 Minuten | Zubereitungszeit: 10 Minuten | Schwierigkeitsgrad: leicht

Zutaten:

200 g Schafskäse
1 Baguette
ein paar frische Pimientos
10-12 kleine Rispentomaten
½ reife Avocado
1 Knoblauchzehe
1 Thymianzweig
1 Rosmarinzweig
Olivenöl
Meersalz
etwas Schafskäse-Gewürz

Zubereitung:

Die Avocado und das Baguette in Scheiben schneiden und zur Seite stellen.

Den Schafskäse in eine gusseiserne Pfanne legen und das Schafskäse-Gewürz darüber streuen. Eine halbierte Knoblauchzehe, die Gewürzzweige und ein paar Rispentomaten dazulegen. Ungefähr 10 Minuten bei indirekter Hitze grillen.

In eine zweite Pfanne etwas Olivenöl geben und diese auf die direkte Hitzezone des Grills stellen. Sobald das Öl heiß ist, die Pimientos und die restlichen Tomaten hinzugeben und angrillen. Zwischendurch wenden. Wenn die Pimientos rundum Farbe angenommen haben, mit etwas Meersalz würzen.

Die Brotscheiben mit Olivenöl bepinseln und kurz anrösten. Ebenso die Avocadoscheiben. Diese dann auf das Baguette legen und zusammen mit dem Inhalt der beiden Pfannen servieren.

10. SCHWEDISCHE PARMESAN-KARTOFFELN

Vorbereitungszeit: 10 Minuten | Zubereitungszeit: 45 Minuten | Schwierigkeitsgrad: leicht

Zutaten:
500 g festkochende Kartoffeln
30 g Butter
30 g geriebenen Parmesan
Pfeffer aus der Mühle
Meersalz

Zubereitung:

Die Kartoffeln schälen, waschen und etwa alle 3 mm tief einschneiden. Dann in eine Grillschale legen. Die Butter schmelzen und die Kartoffeln damit bestreichen. Mit Pfeffer aus der Mühle und Meersalz würzen.

Die Kartoffeln bei 200 Grad für ca. 35 Minuten in eine Grillschale garen. Dann die Kartoffeln mit dem geriebenen Parmesan bestreuen und nochmals 10 Minuten grillen. Als Beilage oder als Hauptgericht mit Kräuterquark servieren.

11. ITALIENISCHE POLENTA MIT GEGRILLTEN KIRSCHTOMATEN

Vorbereitungszeit: 25 Minuten | Zubereitungszeit: 30 Minuten | Schwierigkeitsgrad: leicht

Zutaten:

200 g weiße Polenta
500 g Kirschtomaten
600 g frischer Blattspinat
400 ml Wasser
300 ml Milch
150 g Ziegenkäse
3 EL Olivenöl
1 Knoblauchzehe
Salz

Zubereitung:

Die Kirschtomaten waschen und in eine Grillschale legen. 1 EL Olivenöl darüber träufeln. Dann für etwa 30 Minuten auf den heißen Grill stellen und braten lassen. Gelegentlich wenden, damit die Tomaten rundherum anrösten können.

Wasser und Milch in einem Topf aufkochen lassen. Danach die Polenta hinzufügen und so lange verrühren, bis eine gleichmäßige Masse entstanden ist. Bei reduzierter Hitze 15 Minuten köcheln lassen, bis die Polenta eine cremige Konsistenz bekommen hat. Zwischendurch umrühren.

Den Spinat waschen und trocknen. Den Knoblauch schälen und fein hacken. 2 EL Olivenöl in eine Pfanne geben und erhitzen. Den Knoblauch dazugeben und kurz andünsten. Nun die Pfanne vom Herd nehmen und den Blattspinat hineingeben. 1-2 Minuten rühren, bis das Gemüse zusammengefallen ist. Mit etwas Salz würzen.

100 g Ziegenkäse in die Polenta einrühren. Danach in Schalen füllen, den Spinat und die fertiggegrillten Tomaten darauf verteilen. Zum Schluss noch mit dem restlichen Ziegenkäse garnieren.

12. TÜRKISCHE ZUCCHINI-PUFFER

Vorbereitungszeit: 25 Minuten | Zubereitungszeit: 20-30 Minuten | Schwierigkeitsgrad: leicht

Zutaten:
1 große Zucchini
1 Möhre
1 Kartoffel
1 Frühlingszwiebeln
1 Handvoll frischer Dill
1 Handvoll frische Petersilie
1 Ei
1 TL scharfes Paprikapulver
100 g Feta
1 EL Mehl
½ EL Speisestärke
Olivenöl
Salz und Pfeffer

Zubereitung:

Zunächst den Grill vorheizen.

Die Zucchini schälen und grob raspeln, in eine Schüssel geben, salzen und 10 Minuten ruhen lassen. Derweil die Möhre und die Kartoffel schälen und ebenfalls raspeln. Die geputzte Frühlingszwiebel in Ringe schneiden. Dill und Petersilie waschen, trocknen und kleinhacken. Den Feta mit einer Gabel zerdrücken. Das Ei trennen. Das Eigelb mit der Speisestärke mischen, das Eiweiß steif schlagen.

Die Zucchini-Raspeln in ein Geschirrtuch geben und das Wasser herausdrücken. Danach in eine Schüssel füllen und mit dem Feta vermengen. Kräuter und Eigelb-Stärke-Mix hinzufügen. Dann das Mehl untermischen und das Eiweiß unterheben. Mit Paprikapulver, Salz und Pfeffer würzen.

Olivenöl in einer Grillpfanne erhitzen und die Zucchini-Masse löffelweise hineingeben. Die Puffer leicht andrücken und etwa 5 Minuten je Seite goldbraun rösten. Danach aus der Pfanne nehmen, mit etwas Küchenkrepp abtupfen und warm stellen. Wiederholen, bis kein Teig mehr übrig ist.

Die Puffer schmecken hervorragend mit Joghurt-Dip.

13. FOCCACIA MIT KÜRBISKERNEN

Vorbereitungszeit: 70 Minuten | Zubereitungszeit: 25 Minuten | Schwierigkeitsgrad: mittel

Zutaten:
100 g Mehl
10 g frische Hefe
75 ml Wasser
1 Prise Salz
2 EL Olivenöl
100 g mittelalter Gouda
125 g Cocktailtomaten
30 g geröstete, gesalzene Kürbiskerne

Zubehör: Pizzastein

Zubereitung:

Das Mehl in eine Schüssel geben. Dann die Hefe mittig in eine Kuhle bröseln. Mit 50 ml lauwarmem Wasser vermengen. Teig mit einem Tuch abdecken und für 30 Minuten an einem warmen Ort gehen lassen.

Anschließend das restliche Wasser, die Prise Salz und 1 EL Olivenöl unterkneten. Den Teig nochmals 30 Minuten gehen lassen.

Den Gouda raspeln, die Tomaten waschen und halbieren. Den Teig in 2 Portionen teilen und Ovale daraus formen. Mit 1 EL Olivenöl bepinseln. Mit den Tomaten und dem Käse belegen. Zuletzt mit Kürbiskernen bestreuen.

Die Fladen auf einen heißen Pizzastein legen und etwa 25 Minuten backen.

14. GEGRILLTE AUSTERNPILZE IM RUCOLABETT

Vorbereitungszeit: 30 Minuten | Zubereitungszeit: 5 Minuten | Schwierigkeitsgrad: leicht

Zutaten:
6 Austernpilze
1 Knoblauchzehe
1 TL Koriander-Körner
½ TL schwarzer Pfeffer
½ TL Salz
Saft einer ½ Zitrone
125 ml Olivenöl
1 Handvoll Petersilie
2 Handvoll Rucola
20 g geriebener Parmesan
etwas Balsamico Creme

Zubereitung:

Die Austernpilze putzen und die Stiele entfernen.

Die Knoblauchzehe schälen und dann zusammen mit dem Salz, den Koriander-Körnern und dem Pfeffer mit einem Mörser zerkleinern. Zitronensaft und Olivenöl untermischen. Nun die Marinade über den Pilzen verteilen. Gut 20 Minuten ziehen lassen.

Als Nächstes die Pilze auf dem heißen Grill garen. Die obere Seite etwa 4 Minuten, die untere Seite nur etwa 1 Minute.

Die Petersilie waschen, trocknen und fein hacken. Den Rucola waschen, trocknen und die Stiele abschneiden.

Teller mit den Rucola-Blättern belegen. Dann die Marinade und etwas Balsamico Creme darauf träufeln. Die gegrillten Pilze darauf platzieren. Zum Schluss mit dem Parmesan bestreuen und mit Petersilie garnieren.

15. PIDE-TASCHEN VOM ROST

Vorbereitungszeit: ca. 25 Minuten | Zubereitungszeit: 6-8 Minuten | Schwierigkeitsgrad: leicht

Zutaten:
1 kleine Zwiebel
1 Thymianzweig
1 EL Öl nach Wahl
1 EL Honig
Salz und Pfeffer
100 g weiche Butter
½ EL Harissa (arabische Gewürzpaste)
etwas frische Petersilie
⅓ EL Meerrettich aus dem Glas
½ Fladenbrot
75 g Camembert
1 EL Pesto aus dem Glas

Zubereitung:

Die Zwiebel schälen und in dünne Scheiben schneiden. Thymian waschen, trocknen und abzupfen. Öl in eine Pfanne geben und erhitzen. Die Zwiebelscheiben darin anbraten. Thymian und Honig hinzufügen. Ein wenig salzen und pfeffern. Pfanne vom Herd nehmen.

50 g Butter und die Gewürzpaste mischen und mit etwas Salz würzen.

Die Petersilie waschen, trocknen und kleinhacken. Diese mit 50 g Butter und dem Meerrettich mischen. Mit etwas Salz würzen.

Das Fladenbrot in vier Stücke teilen und aufschneiden. Die Innenseiten 2 Minuten auf dem Grill anrösten. Nun den Camembert in Scheiben schneiden.

Die beiden unteren Fladenbrotstücke mit dem Camembert-Scheiben belegen. Auf eine etwas Pesto geben, auf die andere etwas von der Zwiebel-Honig-Mischung streichen. Mit den oberen Brotstücken toppen und andrücken. Die übrigen unteren Brotstücke mit je einer Buttervariante bestreichen und die oberen Brotstücke darauflegen. Ebenfalls andrücken.

Alle Brotstücke auf den heißen Grillrost legen und je Seite etwa 2-3 Minuten rösten, bis sie schön knusprig sind. Sofort heiß servieren.

16. ASIATISCHE REISBÄLLCHEN VOM GRILL

Vorbereitungszeit: 30 Minuten | Zubereitungszeit: 10-12 Minuten | Schwierigkeitsgrad: leicht

Zutaten:
100 g Sushi-Reis
1 Zitronengrasstange
1 Bio-Limette
Salz
1 EL Honig
1 Kaffir-Limettenblatt
40 g Rosinen
20 g Kokosraspel
½ EL Kokosöl
300 ml Wasser

Zubereitung:

Zuerst den Sushi-Reis gut abspülen. Die Zitronengrasstange putzen, waschen und fein zerschneiden. Die Limette heiß abspülen und trocknen. Dann die Schale abreiben und den Saft auspressen.

Nun 300 ml Wasser, Limettensaft und -schale, etwas Salz, Zitronengras, Honig und das Kaffir-Limettenblatt in einen Topf geben, aufkochen und mit Deckel bei mittlerer Hitze 3-4 Minuten weiterkochen lassen. Den Sushi-Reis hinzufügen und etwa 15 Minuten bei kleiner Hitze köcheln lassen.

Danach den Reis auf eine flache Platte streichen und das Zitronengras und das Limettenblatt herausnehmen. Stattdessen die Rosinen hineinmischen. Danach den Reis mit feuchten Händen zu kleinen Bällchen formen und in Kokosraspeln wälzen.

Den Grillrost mit Öl bepinseln, die Bällchen darauflegen und bei mittlerer Hitze rundherum je 2-3 Minuten grillen.

Dazu passt prima gebratener Tofu und asiatisches Gemüse.

17. MEXIKANISCHE MEMELAS VOM GRILL

Vorbereitungszeit: 20 Minuten | Zubereitungszeit: 10 Minuten | Schwierigkeitsgrad: leicht

Zutaten:
300 ml lauwarmes Wasser
260 g Maismehl
½ TL Salz
250 g Kidney-Bohnen
100 g Tomaten
1 Zwiebel
Öl
50 g körniger Frischkäse
Chilisauce

Zubereitung:

Zunächst die Kidney-Bohnen mit Wasser ausspülen und abtropfen lassen. Die Tomaten waschen und kleinschneiden. Die Zwiebel klein hacken und in Öl andünsten. Bohnen und Tomaten dazugeben und etwas köcheln lassen. Danach zu einer Masse pürieren. Diese in der Pfanne nochmals köcheln lassen.

Für den Teig das Maismehl und Salz vermengen. Wasser hinzugeben und alles gut durchkneten, bis ein geschmeidiger Teig entstanden ist. 8 Portionen daraus zu dünnen Fladen formen.

Kugelgrill vorheizen, die Memelas bei direkter Hitze darauflegen und etwa 1-2 Minuten grillen. Dann wenden und die Bohnenmasse darauf verteilen. Zum Schluss noch Chilisauce und den Frischkäse darauf geben. Den Grilldeckel schließen und die Memelas grillen, bis der Käse verlaufen ist.

Tipp: Memelas können wunderbar mit vielen weiteren Zutaten belegt werden.

18. AUS FRANKREICH: GRILLIERTE ARTISCHOCKENHERZEN

Vorbereitungszeit: 125 Minuten | Zubereitungszeit: 10 Minuten | Schwierigkeitsgrad: leicht

Zutaten:
2 Dosen Artischockenherzen
125 ml Sahne
50 ml Milch
2 TL Oregano
½ TL Chiliflocken
2–3 TL französischer Hartkäse

Zubereitung:

Bis auf den Käse alle Zutaten in eine Grillschale geben und vermengen. Das Ganze für etwa 2 Stunden abgedeckt im Kühlschrank ruhen lassen.

Zwischenzeitlich den Käse raspeln und, bevor die Grillschale auf den Grill kommt, die Artischockenherzen damit bestreuen.

Bei geringer Hitze indirekt etwa 10 Minuten garen. Gleich danach mit frischem Baguette servieren.

19. MAC AND CHEESE AUS DER GRILLPFANNE

Vorbereitungszeit: 25 Minuten | Zubereitungszeit: 35 Minuten | Schwierigkeitsgrad: leicht

Zutaten:
250 g Makkaroni
100 g Bergkäse (würzig, gerieben)
100 g Cheddar (gerieben)
50 g Parmesan (gerieben)

Für die Sauce:
30 g Butter
250 ml Milch
100 ml Sahne
20 g Mehl
½ EL Senfpulver
½ TL edelsüßes Paprikapulver
½ TL Tabasco
½ TL Pfeffer
½ EL Worcestersoße
1 Ei
1 Schalotte

Für das Topping:
15 g Butter
20 g Paniermehl

Zubereitung:

Als Erstes die Makkaroni in Salzwasser al dente kochen.

Für die Sauce die geschälte Schalotte fein würfeln und mit 30 g Butter in einem Topf andünsten. Hitze reduzieren und das Mehl mit einem Schneebesen einrühren. Dann folgende Zutaten hinzufügen: Sahne, Milch, Worcestersoße, Pfeffer, Tabasco, Senfpulver und Paprikapulver. Alles gut miteinander verrühren und 6-8 Minuten köcheln lassen. Zum Schluss noch das Ei untermischen.

Die gekochten Nudeln zusammen mit der heißen Sauce und dem geriebenen Käse in eine große Schüssel geben und vermengen, sodass der Käse schmilzt. Nun die Mischung in eine gusseiserne Grillpfanne füllen.

Für das Topping 15 g Butter in einem Topf erhitzen, das Paniermehl dazugeben, kurz anrösten lassen und danach auf den Makkaroni verteilen.

Die Grillpfanne für etwa 30-35 Minuten bei 180 Grad indirekter Hitze auf den Grill stellen. Die Mac and Cheese sind fertig, wenn sie eine goldbraune Farbe haben.

GRILLKÄSE ZUM DAHINSCHMELZEN

1. HALLOUMI-SPIEßE MIT MANGO UND RUCOLA

Vorbereitungszeit: 20 Minuten | Zubereitungszeit: 10-12 Minuten | Schwierigkeitsgrad: leicht

Zutaten:
1 EL Balsamico Essig
½ TL Honig
2 EL Olivenöl
Salz und Pfeffer
1 Bund Rucola
1 Mango
100 g Halloumi-Grillkäse
etwas Öl zum Bepinseln

Zubereitung:

Zunächst den Balsamico Essig und den Honig vermengen, dann das Olivenöl untermischen. Zum Schluss das Dressing mit etwas Salz würzen.

Den Rucola waschen, trocknen und die Stiele entfernen. Danach die Rucola-Blätter auf zwei Tellern verteilen.

4 Holzspieße in Wasser einweichen. Die Mango schälen, den Stein herauslösen und das Fruchtfleisch in Würfel schneiden. Den Halloumi-Käse in gleichgroße Würfel schneiden. Nun die Mango- und Käsestücke im Wechsel auf die Holzspieße stecken und mit Öl bepinseln.

Die Spieße bei mittlerer Hitze auf dem heißen Grillrost etwa 10-12 Minuten garen. Gelegentlich wenden.

Auf dem Rucola 1-2 EL des Dressings verteilen. Die Käse-Mango-Spieße darauflegen, mit dem restlichen Dressing beträufeln und mit grob gemahlenem Pfeffer würzen.

2. GRILLIERTER FETA MIT TOMATEN

Vorbereitungszeit: 10 Minuten | Zubereitungszeit: 20 Minuten | Schwierigkeitsgrad: leicht

Zutaten:
7 Zehen Knoblauch
5 EL Olivenöl
600 g Feta
5 mittelgroße Tomaten
Salz und Pfeffer
1 Bund frisches Basilikum

Zubereitung:

Die Knoblauchzehen schälen, kleinhacken und mit dem Olivenöl vermengen. Den Feta in 0,5 cm dicke Scheiben schneiden und in eine flache, hitzebeständige Form oder Schale legen. Ungefähr die Hälfte des Knoblauchöls darüber träufeln.

Die Tomaten waschen, trocknen, halbieren und mit der Schnittfläche nach oben auf dem Feta platzieren. Mit Salz und Pfeffer würzen. Danach mit dem restlichen Knoblauchöl beträufeln.

Bei 220 Grad im Backofen etwa 15 Minuten vorbacken.

Später noch ein paar Minuten auf dem heißen Grill weiterbacken, bis der Käse eine leichte Bräune bekommen hat und die Tomaten durchgegart sind.

Zwischendurch die Basilikum-Blätter von den Stielen zupfen, waschen und grob hacken. Damit den fertiggegrillten Käse und die Tomaten bestreuen. Fertig ist eine leckere Grill-Vorspeise!

3. GEGRILLTER CAMEMBERT MIT PFIRSICHEN

Vorbereitungszeit: 20 Minuten | Zubereitungszeit: 10 Minuten | Schwierigkeitsgrad: leicht

Zutaten:
1 Rosmarinzweig
1 Thymianzweig
1 Pfirsich
2 Rollen Ziegenkäse-Camembert
2 EL Olivenöl
1 EL Honig

Zubereitung:

Den Rosmarin und Thymian waschen und trocknen, jeweils die Blättchen abzupfen bzw. abstreifen und grob zerkleinern. Danach den Pfirsich waschen, den Stein entfernen und in Spalten schneiden. Die beiden Ziegenkäse-Camembert-Rollen jeweils waagerecht halbieren.

Zwei kleine Grillschalen mit 1 El Öl bepinseln. Jeweils zwei Käsestücke mit der Schnittfläche nach oben hineinlegen, die Pfirsichspalten um den Camembert herum verteilen und mit dem restlichen Olivenöl bestreichen. Zum Schluss noch den Honig darüber träufeln und mit den Kräutern bestreuen. Die beiden Schalen ca. 10 Minuten abgedeckt auf den heißen Grill stellen. Mit knusprigem Baguette servieren.

4. PIKANTE SPIEßE MIT MOZZARELLA

Vorbereitungszeit: 20 Minuten | Zubereitungszeit: ca. 10 Minuten | Schwierigkeitsgrad: leicht

Zutaten:
200 g Mozzarella
4 Scheiben Weißbrot
100 g Butter
2 EL Tomatenmark
1 Prise Basilikumgewürz
1 Prise Salz
1 Schalotte

Zubereitung:

Den Mozzarella in Würfel und die Brotscheiben in Viertel scheiden. Käse und Brot auf Holzspieße stecken. Dabei kommt immer ein Mozzarella-Würfel zwischen zwei Brotstücke.

Die Butter cremig rühren. Dann das Tomatenmark hinzufügen. Die Schalotte und das Basilikum fein hacken. Beides unter die Tomatenbutter vermengen und mit Salz würzen.

Die Mozzarella-Brot-Spieße auf den Grill legen. Darauf achten, dass der Mozzarella nicht den Rost berührt. Mehrmals wenden.

Sobald der Käse anfängt zu schmelzen, vom Grill nehmen und mit der Tomatenbutter bestreichen.

Die Spieße passen perfekt zu einem knackfrischen Salat.

5. GEFÜLLTE HALLOUMI-PÄCKCHEN

Vorbereitungszeit: 45 Minuten | Zubereitungszeit: 10 Minuten | Schwierigkeitsgrad: leicht

Zutaten:
2 Scheiben Halloumi (je ca. 125 g)
3 grüne Grillpeperoni
2 getrocknete Tomaten in Olivenöl
40 g geräucherter Tofu
Salz und Pfeffer
etwas Zitronensaft zum Beträufeln
etwas Öl zum Bestreichen

Zubereitung:

Den Halloumi-Käse waschen und 30 Minuten in Wasser legen, damit sich der Salzgeschmack reduziert. Danach mit Küchenkrepp trocknen und seitlich einschneiden.

Die Grillpeperoni putzen, waschen und in 0,5 cm dicke Stücke schneiden. Die getrockneten Tomaten gut abtropfen lassen und ebenfalls in kleine Stücke schneiden. Auch den Räucher-Tofu kleinschneiden. Alle drei Zutaten gut vermengen. Ein wenig Öl von den getrockneten Tomaten hinzugeben. Das Ganze pfeffern und nur ganz leicht salzen.

Die Mischung in die Öffnungen der Käsescheiben füllen, gut zudrücken und zum Fixieren ein paar Zahnstocher schräg einstecken.

Anschließend mit reichlich Öl bestreichen. Die gefüllten Halloumi-Scheiben auf den heißen, ebenfalls geölten Grillrost legen. Bei mittlerer Hitze je Seite etwa 5 Minuten grillen, bis der Käse eine schöne Bräune bekommen hat. Nun noch mit etwas Zitronensaft beträufeln und servieren.

SALATE – VON KLASSISCH BIS EXOTISCH

1. MEDITERRANER NUDELSALAT

Zubereitungszeit: 60 Minuten

Zutaten:

50 g getrocknete Tomaten
200 g Farfalle Nudeln
1 Handvoll glatte Petersilie
25 g gesalzene Mandeln

2 EL Balsamico Essig
1 TL Senf
1 EL Agavendicksaft
1 ½ EL Olivenöl
1 EL Kapern

50 g schwarze, entkernte Oliven
20 g Parmesan
Salz und Pfeffer

Zubereitung:

Getrocknete Tomaten grob hacken, in kochendes Salzwasser geben und etwa 2 Minuten darin kochen. Abgießen und abtropfen lassen.

Die Farfalle nach Packungvorgabe zubereiten.

Petersilie waschen, trocknen und kleinhacken. Die gesalzenen Mandeln grob hacken.

Für das Dressing Balsamico Essig, Salz, Pfeffer, Senf und Agavendicksaft vermengen. Anschließend Öl untermischen.

Die fertig gekochten Nudeln abgießen und abtropfen lassen, in eine große Schüssel füllen und mit Tomaten, Petersilie, Mandeln, Kapern und Oliven vermischen. Das Dressing hinzufügen. Etwa 30 Minuten ziehen lassen. Zwischendurch umrühren.

Den Parmesan raspeln und den Nudelsalat damit bestreuen.

2. SOMMERLICHER KARTOFFELSALAT

Zubereitungszeit: 60 Minuten

Zutaten:
400 g festkochende Kartoffeln
1½ Knoblauchzehen
2 EL + 50 ml Olivenöl
Salz und Pfeffer
1 Handvoll Basilikum
65 g Cashewkerne
25 g Parmesan
Saft einer Bio-Zitrone
250 g Kirschtomaten
130 g Rucola

Zubereitung:

Die Kartoffeln säubern und in Spalten schneiden. Den Knoblauch schälen und in Scheiben schneiden. Beides auf ein Backblech geben, mit 2 EL Olivenöl mischen, danach salzen und pfeffern. Bei 200 Grad im vorgeheizten Backofen ca. 40 Minuten garen.

Zwischenzeitlich das Basilikum waschen, trocknen und die Blätter abzupfen. Mit den Cashews, dem Parmesan, Zitronensaft und 50 ml Öl fein pürieren. Mit Salz und Pfeffer würzen.

Die Kirschtomaten waschen, putzen und halbieren. Den Rucola putzen, waschen, trocknen und dessen Stiele abschneiden.

Die Kartoffeln aus dem Ofen holen und kalt werden lassen. Dann in eine große Schüssel füllen und mit dem Rucola, den Tomaten und dem Cashew-Pesto mischen. Nochmals mit etwas Salz und Pfeffer würzen.

3. MEXICAN SALAD MIT TORTILLA-CHIPS

Zubereitungszeit: 30 Minuten

Zutaten:
½ rote Zwiebel
½ rote Paprika
½ gelbe Paprika
1 Möhre
1 Fleischtomate
100 g Zuckermais aus der Dose
etwas Petersilie
50 Eisbergsalat
½ Bio-Orange
½ TL brauner Zucker
30 ml Balsamico Essig
Salz
frisch gemahlener Pfeffer
1 ½ EL Olivenöl
30 g Tortilla-Chips

Zubereitung:

Die geschälte Zwiebel klein hacken. Paprika putzen, waschen und in Würfel schneiden. Die Möhre schälen und raspeln. Die Tomate putzen, waschen und würfeln. Die Petersilie waschen, trocknen, einige Blättchen für später zur Seite legen und den Rest grob hacken. Den Salat putzen, waschen, trocken tupfen und in feine Streifen schneiden.

Für das Dressing den Saft der Bio-Orange, den braunen Zucker und Balsamico Essig verrühren. Mit Salz und Pfeffer würzen und das Olivenöl untermengen.

Nun alle Zutaten in eine Schüssel geben und gut mischen. Das Dressing hinzufügen und zum Schluss mit Petersilie und einigen Tortilla-Chips garnieren. Die restlichen Chips in einer separaten Schale servieren.

Tipp: Der Salat schmeckt prima mit Sour Cream.

4. MILD-WÜRZIGER KOHLRABI-LINSEN-SALAT

Zubereitungszeit: ca. 30 Minuten (+ 5 Stunden Einweichzeit für die Linsen)

Zutaten:
1 Tasse Beluga-Linsen
1 ½ Tassen Wasser
1-2 Kohlrabi mit Grün
150 g Joghurt
1 Knoblauchzehe
1 TL Zitronensaft
1 EL Olivenöl
2 EL Minze, fein gehackt
Sumach-Gewürz
Salz und Pfeffer

Zubereitung:

Zunächst die Beluga-Linsen für ca. 5 Stunden einweichen. Dann gut durchspülen und mit 1 ½ Tassen Wasser in einen Topf geben, aufkochen lassen und 10 Minuten köcheln lassen.

Den Kohlrabi schälen und in mittelgroße Stücke schneiden. Das Grün mit verwenden und in Streifen schneiden.

Den Joghurt mit Knoblauch, Zitronensaft, Olivenöl und Minze vermischen und mit Salz und Pfeffer würzen.
Die fertige Salatsauce über den Kohlrabi geben und kurz ziehen lassen. Die Linsen untermischen und alles mit Sumach-Gewürz abschmecken.

5. HERZHAFT-SÜßER ROTKOHLSALAT

Zubereitungszeit: 40-45 Minuten

Zutaten:
1 kleiner Rotkohl
½ Tasse Datteln
150 g Feta
3 EL Olivenöl
2 TL Saft einer Bio-Limette
Salz und Pfeffer
eine Handvoll Petersilie
1-2 EL gerösteter Sesam

Zubereitung:

Den Rotkohl putzen und grob raspeln. Mit nicht allzu viel Salz bestreuen, gut durchkneten und 10-15 Minuten ziehen lassen. Danach mit Limettensaft, Olivenöl und nach Belieben mit Pfeffer würzen.

Nun die Datteln und die Petersilie kleinhacken und den Feta zerbröseln. Den Sesam in einer beschichteten Pfanne goldbraun rösten. Hierfür kein Fett verwenden.

Als Nächstes die Datteln und den Feta mit dem Rotkohl vermengen und mit Petersilie und dem gerösteten Sesam garnieren. Wer es gerne scharf mag, kann noch Chiliflocken über den Salat streuen.

6. CAPRESE MIT ERDBEEREN

Zubereitungszeit: 15 Minuten

Zutaten:
500 g Erdbeeren
1 Avocado
125 g Mozzarella
1 Handvoll Basilikum-Blätter
½ Handvoll Babyspinat
2 EL Balsamico Essig
1-2 EL Olivenöl
etwas Meersalz
etwas frisch gemahlener Pfeffer

Zubereitung:

Die Erdbeeren putzen, waschen und je nach Größe halbieren oder vierteln. Die Avocado schälen, entkernen und in Stücke schneiden. Den Mozzarella abtropfen lassen und würfeln. Die Basilikum-Blätter und den Babyspinat grob zerkleinern oder in Streifen schneiden. Alle Zutaten in eine Schüssel geben.

Für das Dressing den Balsamico Essig, das Olivenöl und das Meersalz vermischen und über den Salat geben. Mit frisch gemahlenem Pfeffer geschmacklich abrunden.

Mit geröstetem Fladenbrot servieren.

7. MIXED SALAD MIT COUSCOUS, SPINAT UND HIMBEEREN

Zubereitungszeit: ca. 25 Minuten

Zutaten:
Für den Salat:
135 g Instant-Couscous
120 g Babyspinat
75 g Feta
75 g frische Himbeeren
30 g Haselnüsse
Salz und Pfeffer

Für das Dressing:
45 ml Olivenöl
1 ½ EL Weißweinessig
1 EL Agavendicksaft
¾ TL Dijon-Senf
¾ Spritzer Mandelextrakt
Salz und Pfeffer

Zubereitung:

Den Couscous nach Packungsanweisung zubereiten und abkühlen lassen. Die frischen Himbeeren vorsichtig waschen und abtropfen lassen. Den Babyspinat ebenfalls waschen und trocken tupfen. Die Haselnüsse grob hacken. Den Feta zerbröseln.

Für das Dressing Olivenöl, Essig, Agavendicksaft, Senf und Mandelextrakt vermischen und mit Salz und Pfeffer würzen.

Den Babyspinat auf zwei Teller legen und darauf den Couscous verteilen. Anschließend mit dem Feta bestreuen. Mit Haselnüssen und Himbeeren garnieren. Zum Schluss das Dressing über den Salat träufeln.

8. FRUCHTIGER MAIS-SALAT MIT GOUDA

Zubereitungszeit: 25 Minuten

Zutaten:
Für den Salat:
2 Maiskolben
1 Nektarine
100 g geriebener Gouda
1 Handvoll Basilikum-Blätter
½ TL Chiliflocken

Für das Dressing:
100 ml Rapsöl
½ Schalotte
½ Rosmarinzweig
½ TL Kreuzkümmel
Saft einer ½ Bio-Limette
Salz und Pfeffer

Zubereitung:

Die beiden Maiskolben putzen und mit den Chiliflocken in einer Grillpfanne ca. 10 Minuten anbraten. Immer wieder drehen, damit sie rundherum gar und leicht goldbraun werden.

In der Zwischenzeit die Basilikum-Blätter waschen und auf zwei Teller verteilen. Die Nektarine waschen, halbieren, entkernen, in Scheiben schneiden und auf dem Basilikum platzieren.

Die gegrillten Maiskolben zunächst abkühlen lassen. Dann die Maiskörner von den Kolben entfernen und auf die Teller streuen.

Für die Salatsauce das Rapsöl in einem Topf erhitzen. Die Schalotte fein würfeln und zu dem Öl in den Topf geben. Den Rosmarinzweig waschen, die Nadeln abzupfen und fein hacken. Zusammen mit dem Kreuzkümmel in die Pfanne geben. Mit Salz und Pfeffer würzen. Außerdem noch den Limettensaft hinzufügen. Alles gut miteinander verrühren.

Das Dressing über dem Salat verteilen. Zum Schluss noch den geriebenen Gouda darauf streuen.

9. ITALIENISCHER SALAT MIT GEGRILLTER PAPRIKA

Zubereitungszeit: 35 Minuten

Zutaten:
3-4 Paprikaschoten nach Wahl
8 EL Olivenöl
100 g Kirschtomaten
180 g Mozzarella
1 EL Kapern
30 g Pinienkerne
½ Bund Basilikum
3 Scheiben Vollkorntoast
1 EL Rotweinessig
Salz und Pfeffer

Zubereitung:

Die Paprikaschoten waschen, entkernen und in Würfel schneiden. Mit 2 EL Olivenöl beträufeln und leicht salzen und pfeffern. Auf dem Grill in eine Grillschale je 2-3 Minuten anrösten.

Zwischenzeitlich die Kirschtomaten waschen und halbieren. Den Mozzarella abtropfen lassen und würfeln. Das Basilikum waschen, trocknen und kleinhacken. Den Vollkorntoast in kleine Würfel schneiden und mit 4 EL Olivenöl in einer Pfanne kross anbraten. In einer zweiten Pfanne die Pinienkerne anrösten.

Die restlichen 2 EL Olivenöl mit dem Rotweinessig mischen und mit Salz und Pfeffer würzen. Das Dressing über die gegrillten Paprika-Würfel und alle anderen Zutaten zugeben und alles gut mischen. Zum Schluss nur noch mit Salz und Pfeffer würzen.

10. FEINER BLUMENKOHL-SALAT MIT GURKE

Zubereitungszeit: ca. 60 Minuten

Zutaten:
½ kleiner Blumenkohl
300 ml Buttermilch
Saft von 1 Bio-Zitrone
2 EL Sonnenblumenöl
etwas Meersalz
etwas schwarzer Pfeffer aus der Mühle
ein paar Blätter Minze
1 Salatgurke
2 EL Sonnenblumenkerne

Zubereitung:

Den Blumenkohl putzen, in mehrere Stücke zerteilen und kleine Röschen abtrennen. Diese in eine Grillschale legen und auf dem heißen Grill etwas anrösten. Zwischendurch wenden, damit die Röschen von allen Seiten gebräunt werden. Anschließend abkühlen lassen.

Für die Salatsauce die Buttermilch, den Zitronensaft und das Sonnenblumenöl gut miteinander vermischen. Mit Meersalz und schwarzem Pfeffer würzen.

Die Minze-Blätter zerkleinern und mit den abgekühlten Blumenkohl-Röschen und der Salatsauce vermengen. Das Ganze ca. 30 Minuten ziehen lassen.

Zwischenzeitlich die Salatgurke schälen, in 4 gleichgroße Stücke schneiden. Daraus wiederum dünne Sticks schneiden und unter den Salat mischen. Zum Schluss mit den Sonnenblumenkernen garnieren.

11. SALATMIX AUS MÖHREN UND KICHERERBSEN MIT FALAFEL-TALERN

Zubereitungszeit: 45 Minuten

Zutaten:
100 g Möhren
1 fein gewürfelte Zwiebel
½ EL Olivenöl
50 ml Orangensaft
1 EL Dinkelmehl
½ TL Backpulver
Salz und Pfeffer
¼ TL gemahlener Kreuzkümmel
¼ TL Zimt
350 g Kichererbsen aus der Dose
1 Handvoll frische Koriander-Blätter
½ fein gehackte Knoblauchzehe
10 g gerösteter weißer Sesam
1 ½ TL gerösteter schwarzer Sesam
75 g griechischer Joghurt
1 ½ EL Milch
Saft und Schale einer ½ Bio-Zitrone
400 ml Kokosfett
75 g Eichblattsalat

Zubereitung:

Die Möhren schälen und in dünne Scheiben schneiden. Olivenöl in einer Pfanne erhitzen, die Hälfte der gewürfelten Zwiebel hinzufügen und kurz andünsten. Die Möhren dazugeben und etwa 2 Minuten anbraten. Den Orangensaft untermischen, das Ganze ein wenig köcheln und dann abkühlen lassen.

Das Dinkelmehl mit Backpulver, einer Prise Salz, dem Kreuzkümmel und Zimt vermengen. Die Kichererbsen gut durchspülen und abtropfen lassen. 200 g davon pürieren, die gehackten Koriander-Blätter, den Mehl-Mix, die übrige Zwiebel und den Knoblauch untermengen und alles zu einem homogenen Teig verarbeiten. Diesen ca. 15 Minuten ruhen lassen. Danach 6 kleine Taler daraus formen. 1 TL des schwarzen Sesams mit dem weißen Sesam vermischen. Anschließend die Taler darin wälzen und Sesam andrücken.

Den Joghurt, die Milch, den Saft und den Abrieb der halben Bio-Zitrone verrühren. Mit Salz und Pfeffer abschmecken. Das Dressing über die Möhren und die restlichen Kichererbsen geben. Alles gut vermengen.

Das Kokosfett in einen Topf geben und erhitzen. Die Kichererbsen-Taler hineingeben und goldbraun frittieren. Danach gut abtropfen lassen.

Den Eichblattsalat, waschen, trocknen und etwas zerteilen. Dann unter den Möhren-Kichererbsen-Salatmix mischen. Die Falafel-Taler darauflegen und mit schwarzem Sesam garnieren.

12. KRÄUTERSALAT MIT TOMATEN UND BROKKOLI

Zubereitungszeit: 20 Minuten

Zutaten:
500 g Brokkoli
2 Tomaten
1 Päckchen Kresse
2 Rosmarinzweige
4 EL Zitronensaft
6 EL Olivenöl
1 TL Tzatziki-Gewürz

Zubereitung:

Zunächst den Brokkoli bissfest kochen und anschließend abkühlen lassen.

Die Tomaten in Würfel schneiden und mit der Kresse, dem Zitronensaft und dem Olivenöl vermengen. Von den Rosmarinzweigen die Nadeln abzupfen und kleinhacken.

Nun den abgekühlten Brokkoli mit der Tomatenmischung, dem kleingehackten Rosmarin und dem Tzatziki-Gewürz vermischen. Wer es besonders pikant mag, kann auch noch Knoblauch hinzufügen.

13. EXOTISCHER REIS-ANANAS-SALAT

Zubereitungszeit: 30 Minuten

Zutaten:	**Für das Dressing:**
115 g Wildreis	1 EL Sesamöl
Salz und Pfeffer	1 EL Walnussöl
4 Frühlingszwiebeln	1 EL Sojasauce
225 g Ananasstücke aus der Dose	1 kleingehackte Knoblauchzehe
2 rote Paprikaschoten	1 TL gehackter frischer Ingwer
200 g Mais aus der Dose	
3 EL Sultaninen	

Zubereitung:

Den Wildreis in Salzwasser nach Packungsanweisung kochen. Abgießen, mit kaltem Wasser abspülen und gut abtropfen lassen. Danach in eine Schüssel geben und beiseitestellen.

Die Frühlingszwiebeln putzen, waschen und in Ringe schneiden. Die Ananasstücke in ein Sieb schütten. Den Saft auffangen. Die Paprikaschoten waschen, halbieren, entkernen und in Würfel schneiden.

Nun die Ananasstücke, die Frühlingszwiebeln, die gewürfelten Paprikaschoten, den Mais und die Sultaninen mit dem Wildreis vermischen.

Als Nächstes das Sesam- und Walnussöl, die Sojasauce, den Knoblauch und Ingwer miteinander verrühren. Mit Salz und Pfeffer würzen. Das fertige Dressing über den Salat geben und alles gut vermengen.

14. LINSENSALAT MIT ROTE-BETE-WÜRFELN

Zubereitungszeit: 45 Minuten

Zutaten:

150 g rote Linsen
2 weiße Zwiebeln
1 Handvoll frische Petersilie
300 g vorgekochte Rote Bete
250 ml Gemüsebrühe
¾ TL Senf
2 EL Apfelessig
3 EL Olivenöl
¾ TL Currypulver
¾ TL Kreuzkümmel
¾ EL Honig
Salz und Pfeffer

Zubereitung:

Etwas Olivenöl in einem Topf erhitzen, die Linsen dazugeben und mit Kreuzkümmel und Curry andünsten. 250 ml Gemüsebrühe hinzufügen und etwa 10 Minuten köcheln lassen. Danach abgießen und abtropfen lassen. Zum Abkühlen zur Seite stellen.

Die Rote Bete in Würfel schneiden. Die Zwiebeln schälen und in dünne Ringe schneiden. Die Petersilie waschen, trocken tupfen und grob hacken.

Für die Salatsauce den Senf, Honig und Essig verrühren. Mit Salz und Pfeffer würzen. Nach und nach das Olivenöl dazugeben.

Nun die Linsen, die Rote Bete und die Zwiebelringe vermischen. Die Salatsauce darüber verteilen und mit Petersilie bestreuen. Zum Schluss noch einmal mit Salz und Pfeffer abschmecken.

15. BULGUR-QUINOA-SALAT MIT WAKAME ALGEN

Zubereitungszeit: 35 Minuten

Zutaten:
100 g Bulgur
15 g roter Quinoa
35 g Vollkorn-Gerste
25 g getrocknete Wakame Algen
1 Zwiebel
1 kleines Stück Ingwer
1 Zucchini
1 EL Olivenöl
1 TL Gemüsebrühe
60 g Kichererbsen aus der Dose
frische Kräuter nach Wahl

Zubereitung:

Als Erstes den Bulgur, den Quinoa und die Vollkorn-Gerste nach Packungsanweisung garkochen. Alles abgießen, mit kaltem Wasser abspülen und abtropfen lassen.

Die Wakame Algen in heißes Wasser legen und ca. 10 Minuten quellen lassen. Danach auspressen.

Die Zwiebel und den Ingwer schälen und kleinhacken. Die Zucchini putzen und in kleine Würfel schneiden.

Etwas Olivenöl in einer Pfanne erhitzen und die gehackte Zwiebel darin andünsten. Die Hälfte der Zucchini-Würfel hinzufügen und ebenfalls andünsten. Die andere Hälfte der Zucchini-Würfel in einem Mixer pürieren und dann unter die gedünsteten Zucchini mischen. Die Gemüsebrühe dazugeben und das Ganze noch etwa 5 Minuten köcheln lassen.

Sobald die Zucchini-Mischung abgekühlt ist, den gehackten Ingwer, die Kichererbsen und die Wakame Algen untermengen. Danach auch den Bulgur, den Quinoa und die Gerste. Mit ein paar frischen Kräutern garnieren und servieren.

GENIALE GRILLBROTE

1. SPINATBAGUETTE MIT PESTO

Zubereitungszeit: 30 Minuten

Zutaten:
½ Baguette
1 ½ Handvoll Babyspinat
1 EL Olivenöl
2 ½ Knoblauchzehen
50 g rotes Pesto

Zubereitung:

Kugelgrill auf 180 °C vorheizen.

Den Babyspinat waschen, trocknen und mit Olivenöl beträufeln. Den Knoblauch schälen, in kleine Stücke schneiden und untermischen.

Das Baguette im Abstand von ca. 2,5 cm einschneiden und das Pesto auf den Schnittflächen verteilen. Dann die Spinatmischung in die Spalten füllen.

Das Baguette in eine passende Grillschale legen und im geschlossenen Grill ca. 20 Minuten backen.

2. GRILLBROT MIT KNOBLAUCH UND KRÄUTERN

Zubereitungszeit: ca. 70 Minuten

Zutaten:	**nach Belieben:**
3 Tassen Dinkelmehl	etwas Salzflocken
1 TL Salz	etwas gehackte Petersilie
1 TL Instant-Hefe	etwas gehackter Rosmarin
1 ¼ Tassen warmes Wasser	
¼ Tasse kaltgepresstes Olivenöl	
4 gehackte Knoblauchzehen	

Zubereitung:

Mehl, Salz und Hefe in einer großen Schüssel verrühren. Mittig eine Kuhle formen und das warme Wasser und Olivenöl hineingeben. Nun einen glatten, weichen Teig daraus kneten. Falls der Teig sehr klebrig sein sollte, einfach noch etwas Mehl hinzufügen. Anschließend den Teig in eine geölte Schüssel füllen, abdecken und etwa 45 gehen lassen. Das Volumen sollte sich verdoppeln.

Zwischenzeitlich den Grill anheizen.

Den Teig in 4 Portionen aufteilen, flachdrücken und von beiden Seiten mit Öl bestreichen. Auf jedem Teigstück eine gehackte Knoblauchzehe verteilen. Dann auf den heißen Grillrost legen und 3-4 Minuten je Seite rösten, bis das Brot goldbraun ist.

Anschließend nochmals mit Öl bestreichen und nach Belieben mit Salzflocken, Petersilie und Rosmarin bestreuen.

3. FRANZÖSISCHE FOUGASSE

Zubereitungszeit: 40-45 Minuten

Zutaten:
150 g Mehl
½ TL Salz
10 g frische Hefe
125 ml lauwarmes Wasser
150 g getrocknete Tomaten in Olivenöl
4 TL schwarze, entkernte Oliven
4 Thymianzweige
Olivenöl

Zubehör: Pizzastein

Zubereitung:

Zuerst Mehl und Salz in einer Schüssel vermengen. Dann die Hefe in lauwarmem Wasser auflösen und untermischen. Etwas Olivenöl hinzufügen und alles zu einem glatten Teig kneten.

Die getrockneten Tomaten abtropfen lassen. Die Oliven kleinhacken. Den Thymian waschen und die Blätter abzupfen.

Den Teig nochmals durchkneten und nach und nach Tomaten, Oliven und Thymian hineinmengen. Anschließend den Teig halbieren und mit etwas Mehl bestreuen.

Die Teigkugeln auf ein gefettetes Backblech legen, flachdrücken und mehrfach mit einer Gabel einstechen. 15 Minuten ruhen lassen. Dann mit Öl bestreichen.

Auf den Rost des vorgeheizten Grills einen Pizzastein legen. Diesen ebenfalls vorheizen. Dann das Backblech daraufstellen und die Fougasse 10-15 Minuten bei geschlossenem Deckel backen.

4. ITALIENISCHES FLADENBROT

Zubereitungszeit: 3 Std. 25 Min.

Zutaten:
500 g Mehl
½ TL Salz
1 EL Honig
200 ml Wasser
500 g gekochte Kartoffeln
25 ml Olivenöl
½ Würfel Hefe
etwas Rosmarin
etwas Meersalz

Zubereitung:

Das Mehl und etwas Salz in eine Schüssel geben und kurz vermischen. Dann Hefe, Wasser und Honig hinzufügen. Alle Zutaten zu einem homogenen Teig kneten. Etwa 2 Stunden gehen lassen.

Die gekochten Kartoffeln zerstampfen und in den Teig einmischen.

Eine flache Auflaufform einfetten und den Brotteig hineingeben. Mit Rosmarin und Meersalz bestreuen und mit Olivenöl beträufeln. Abdecken und nochmals 1 Stunde gehen lassen. Danach etwa 25 Minuten auf dem heißen Grill backen.

5. ZWIEBEL-FRISCHKÄSE-BROT

Zubereitungszeit: 45 Minuten

Zutaten:

150 g Mehl
600 g Mehl
200 g Frischkäse
20 g frische Hefe
2 TL Agavendicksaft
1 TL Salz
125 ml lauwarmes Wasser
100 g weiche, gesalzene Butter
1 Zwiebel
etwas Milch
optional Gewürze und/oder Kerne

Zubereitung:

Als Erstes die Zwiebel schälen, kleinhacken, in einer Pfanne andünsten und abkühlen lassen.

Dann das Wasser mit dem Agavendicksaft verrühren und die Hefe untermischen. Etwa 10 Minuten ruhen lassen.

Die gesalzene Butter mit der gedünsteten Zwiebel mischen.

Das Mehl mit dem Salz vermengen. Die Hefemischung und den Frischkäse darauf geben und alles gut miteinander verkneten.

Den Teig auf Backpapier ausrollen und mit der Zwiebel-Butter bestreichen. Nun den Teig ganz eng einrollen und die Enden verschließen. Abdecken und ca. 1 Stunde gehen lassen.

Nun die Teigrolle mit etwas Milch bestreichen und nach Belieben mit Gewürzen oder Kernen garnieren. Etwa 20-30 Minuten bei 200 Grad im Backofen oder geschlossenen Grill backen.

GRILLDESSERTS – FRUCHTIG & FEIN!

1. FRUCHTIG-SÜSSE SPIESSE MIT ERDBEEREN & MARSHMALLOWS

Zubereitungszeit: 10 Minuten

Zutaten:
250 g Erdbeeren
100 g Marshmallows
etwas Puderzucker

Zubereitung:

Dieses Grilldessert ist wirklich super simpel. Einfach nur die gewaschenen Erdbeeren und die Marshmallows im Wechsel auf zuvor gewässerte Holzspieße stecken. Dann auf den heißen Grill legen. Nicht aus den Augen lassen, denn die Süßigkeit brennt sehr schnell an. Am besten ständig wenden. Nach etwa 5 Minuten sind die Erdbeeren und Marshmallows leicht geröstet. Im Anschluss noch mit etwas Puderzucker bestreuen und servieren.

2. TROPICAL NAAN-BROT MIT KOKOSCREME

Zubereitungszeit: ca. 40 Minuten

Zutaten:

Für das Naan-Brot:
250 g Dinkelmehl
1 TL Backpulver
1 Ei
4 EL brauner Zucker
2 EL Honig
100 ml mildes Bier
100 g Sahne-Joghurt
etwas Salz

Für die Kokoscreme:
3 EL Honig
50 ml Kokosmilch
2 EL Kokosflocken
Abrieb und Saft einer ½ Bio-Limette
200 ml neutrales Pflanzenöl nach Wahl
400 g frische Früchte (z. B. Ananas, Kiwi, Mango, Physalis)
4 Melisse-Zweige

Zubereitung:

Den Grill auf maximal 200 Grad direkte Hitze vorheizen.

Mehl und Backpulver gesiebt in eine Schüssel geben. Ei und Zucker schaumig rühren und unter das Mehl mischen. Nun 2 EL Honig, das Bier und den Sahne-Joghurt hinzufügen und einen glatten Teig aus allen Zutaten kneten. Zum Schluss noch eine Prise Salz hinzufügen und den Teig erst einmal zur Seite stellen.

Honig, Kokosmilch, Kokosflocken und Limettensaft in einen hohen Rührbecher füllen und mit einem Mixer kurz verrühren. Dann nach und nach das Pflanzenöl untermengen, bis eine geschmeidige Creme entstanden ist.

Nun eine Arbeitsfläche mit etwas Mehl bestreuen und 2 dünne Fladen aus dem Teig formen. Diese auf den heißen, geölten Grillrost legen und bei geschlossenem Deckel 3-4 Minuten je Seite grillen.

Das heiße Naanbrot etwas abkühlen lassen. Dann großzügig die Creme und die Früchte darauf verteilen. Zum Schluss noch mit ein paar Melisse-Blättern garnieren.

3. GRILL-CAKES MIT ANANAS UND BANANE

Zubereitungszeit: ca. 25 Minuten

Zutaten:
200 g Mehl
1 Prise Salz
2 EL Agavendicksaft
½ Päckchen Trockenhefe
250 ml Milch
3 Eier
etwas Puderzucker
4 frische Ananasscheiben
60 ml Rum
100 g brauner Zucker
½ TL Ingwerpulver
½ TL Muskat
½ TL Nelkenpulver
½ TL Zimtpulver
2 reife Bananen
50 g Schokoladenraspeln
25 g Butter
etwas Amaretto

Zubereitung:

Mehl, Salz, Agavendicksaft und die Trockenhefe mischen und dann mit der Milch verrühren. Danach die Eier untermengen.

Den Grill auf 200 Grad direkte Hitze vorheizen. Ebenso eine Grillplatte erhitzen.

Etwas Öl auf die Grillplatte geben und löffelweise Teig darauf verteilen. Die Grill-Cakes von beiden Seiten golbraun backen. Danach zur Seite stellen und warmhalten.

Für die süße Marinade Rum, braunen Zucker und Gewürze gut miteinander verrühren. Die Ananasscheiben in die Marinade legen und etwa 2 Stunden, besser noch über Nacht, ziehen lassen.

Die Ananasscheiben abtropfen lassen und auf dem Grillrost je Seite etwa 2-3 Minuten anrösten.

Die Bananen an der Innenseite komplett einschneiden und den oberen Teil der Schale entfernen. Die Schokoladenraspeln und ein paar Butterflocken auf den freigelegten Bananen verteilen. Außerdem noch mit etwas Amaretto beträufeln. Bananen auf dem Grill platzieren und bei indirekter Hitze etwa 12-14 Minuten grillen.

Die Grill-Cakes mit den gerösteten Ananasscheiben und Bananen auf einem Teller anrichten. Mit etwas Puderzucker bestäuben und servieren.

4. GEGRILLTE MUFFINS MIT BEERENMIX

Zubereitungszeit: 20-25 Minuten

Zutaten:
150 g gemischte Beeren (frisch oder TK)
25 g Butter
2 EL brauner Zucker
2 Eier
60 g Mehl
½ Abrieb einer Bio-Orange
2 EL geröstete, gehackte Haselnüsse
etwas Puderzucker

Zubereitung:

Die Beeren waschen und trocken tupfen, eventuell halbieren. Hitzebeständige Förmchen mit Butter einfetten und mit etwas Zucker bestreuen. Die Hälfte der Beeren in die Förmchen füllen.

Die Eier trennen. Eigelb in eine Schüssel geben und mit Mehl, Orangenschale, weicher Butter und Haselnüssen vermengen. Eiweiß steif schlagen und langsam den Zucker einarbeiten. Eischnee vorsichtig mit der Eigelb-Masse mischen.

Teig in die Förmchen füllen und die übrigen Beeren darauf verteilen. Nun die Muffins auf dem Grill bei indirekter Hitze und geschlossenem Deckel etwa 15-20 Minuten backen. Etwas abkühlen lassen und mit Puderzucker bestäuben.

5. GRILLIERTE MELONE MIT NUSS-PÜREE

Zubereitungszeit: ca. 15 Minuten

Zutaten:
500 g Wassermelone
3 Macadamia-Nüsse
1 EL Mandelblätter
1 Handvoll frische Zitronenmelisse
1 EL Limettensaft
3 ½ EL Ahornsirup

Zubereitung:

Die Wassermelone in Scheiben schneiden, eventuell Kerne entfernen.

Die Macadamia-Nüsse kleinhacken und zusammen mit den Mandelblättern in einer Pfanne kurz anrösten. Die Zitronenmelisse waschen, trocknen und grob hacken. Nun die Nüsse, Mandelblätter und Zitronenmelisse fein pürieren. Limettensaft und Ahornsirup hinzufügen und nochmals gut mixen.

Die Melonenscheiben auf dem Grillrost oder auf einer Grillplatte von beiden Seiten anrösten. Auf Teller platzieren und mit dem Nuss-Püree garnieren.

BURGER-REZEPTE

1. MEDITERRANE GRILL-BURGER

Vorbereitungszeit: 20 Minuten | Zubereitungszeit: 10 Minuten | Schwierigkeitsgrad: leicht

Zutaten:

2 Vollkornbrötchen
einige Salatblätter
1 große Tomate
½ Aubergine
½ reife Avocado
50 g Joghurt
1 ½ EL Mayonnaise
½ Knoblauchzehe
1 Spritzer Tabasco
Salz und Pfeffer
etwas Olivenöl

Zubereitung:

Die Aubergine waschen, in Scheiben schneiden und auf dem heißen Grillrost anbraten. Zwischendurch wenden.

Die Vollkornbrötchen halbieren und die Schnittflächen 1-2 Minuten auf dem Grill anrösten. Die Tomate und die Avocado in Scheiben schneiden. Beides mit etwas Salz würzen.

Die Knoblauchzehe kleinhacken und mit dem Joghurt und der Mayonnaise vermischen. Danach mit Salz, Pfeffer und Tabasco abschmecken.

Nun die untere Brötchenhälfte mit der Knoblauch-Mayonnaise bestreichen. Danach mit 1-2 Salatblättern, den Auberginen-, Avocado- und Tomatenscheiben belegen. Darauf nochmals etwas Knoblauch-Mayonnaise geben und die obere Brötchenhälfte auflegen.

Tipp: Diesen Burger kann man alternativ auch mit gegrillter Paprika oder Zucchini zubereiten.

2. HERZHAFTE BURGER MIT FRUCHT-TOPPING

Vorbereitungszeit: 15 Minuten | Zubereitungszeit: 10 Minuten | Schwierigkeitsgrad: leicht

Zutaten für 2 Burger:
Für die Burger:
30 g rote Linsen
150 g Kichererbsen
1/3 TL Kurkuma
1/3 TL Chilipulver
1/3 TL Meersalz
etwas Koriander
1 fein gehackte Knoblauchzehe
1/3 fein gehackte Jalapeño
¼ fein gehackte rote Zwiebel
1/3 fein gehackte rote Paprika
1/3 geraspelte Möhre
10 g Haferkleie
2 große Salatblätter
2 Burgerbrötchen

Für das Topping:
1/3 gewürfelte Mango
1/3 gewürfelte Avocado
¼ klein gewürfelte rote Zwiebel
etwas gehackter Koriander
¼ TL Limettensaft
Salz und Pfeffer

Zubereitung:

Alle Zutaten für das Topping in eine Schüssel geben und gut vermischen. Mit Salz und Pfeffer würzen und erst einmal kalt stellen.

Die gewaschenen und gesiebten Linsen in einem Topf mit 350 ml Wasser zum Kochen bringen. Danach die Linsen ca. 10-15 Minuten bei geringer Hitze köcheln lassen, bis sie die gesamte Flüssigkeit aufgenommen haben und weichgekocht sind. Die Linsen in ein Sieb schütten und abtropfen lassen.

Zusammen mit den ausgespülten Kichererbsen und allen angegebenen Gewürzen nun die Linsen in einen Mixer geben und fein pürieren.

Die Masse in eine Schüssel geben und mit der Zwiebel, der Jalapeño, der Möhre und der Paprika vermischen. Etappenweise immer nur eine kleine Menge Haferkleie unterrühren, bis eine leicht klebrige Masse entstanden ist, aus der sich dann die Burger-Pattys herstellen lassen.

Die Masse am besten mit feuchten Händen zu gleichgroßen Burger-Pattys formen, und anschließend mit etwas Öl auf dem heißen Grill oder in einer Grillpfanne von beiden Seiten etwa 3 Minuten anbraten.

Zwischendurch schon einmal die Burgerbrötchen halbieren, auf den Grillrost legen und für etwa 1 Minute von beiden Seiten anrösten. Danach auf die unteren Hälften je ein Salatblatt und gleich darauf die fertigen Burger-Pattys legen. Fehlen nur noch das Topping aus Mango und Avocado und die oberen Brötchenhälften.

3. SUPER SIMPEL BURGER

Vorbereitungszeit: 15 Minuten | Zubereitungszeit: 10-12 Minuten | Schwierigkeitsgrad: leicht

Zutaten:
2 Burger Buns

Für den Belag:
1 Handvoll Feldsalat
3 EL fertige Grillsauce nach Wahl
1 Tomate
½ Zwiebel

Für die Burger Pattys:
2 Tassen zarte Haferflocken
1 Dose Kidneybohnen
½ Dose Erbsen
1 TL Instant-Gemüsebrühe

Zubereitung:

Die Kidneybohnen abgießen und unter fließendem Wasser abspülen. Die Erbsen nur abgießen. Beides abtropfen lassen. Dann zusammen mit den Haferflocken und der Instant-Gemüsebrühe in eine Schüssel geben und alles gut durchkneten, bis eine feste Masse entstanden ist. Daraus die Burger Pattys formen.

Die Burger Pattys in eine heiße, geölte Grillpfanne legen und je Seite etwa 5-6 Minuten anbraten, bis sie schön knusprig braun geworden sind.

Zwischenzeitlich den Feldsalat putzen und waschen. Die Tomate ebenfalls waschen und in Scheiben schneiden. Die halbe Zwiebel schälen und in dünne Ringe schneiden.

Die Burger Buns halbieren und kurz auf dem Grill erwärmen. Dann die unteren Hälften mit Feldsalat belegen. Darauf die heißen Burger Pattys platzieren und diese mit je 1 ½ EL der gewählten Grillsauce bestreichen. Mit Tomatenscheiben und Zwiebelringen verfeinern. Zum Schluss noch die oberen Bun-Hälften rauflegen. Fertig sind die super simpel Burger!

4. SCHLEMMER BURGER MIT MÖHREN UND ZUCCHINI

Vorbereitungszeit: 15 Minuten | Zubereitungszeit: 15 Minuten | Schwierigkeitsgrad: leicht

Zutaten:
2 Mehrkornbrötchen
Für den Belag:
2 Blätter Eisbergsalat
2-3 EL Cashewmus
8 dünne Scheiben Salatgurke
2 EL frischer geriebener Parmesan
optional: 1-2 EL Röstzwiebeln
Für die Burger Pattys:
2 Kartoffeln
2 kleine Zucchini
2 Möhren
4 EL Mehl
2 Eier
Salz und Pfeffer
etwas Olivenöl

Zubereitung:

Die Kartoffeln, Zucchini und Möhren schälen und raspeln. Dann in eine Schüssel geben und mit dem Mehl und den Eiern verrühren. Danach salzen und pfeffern.

Aus der Masse Burger Pattys formen. Diese in eine Grillpfanne oder auf eine Grillplatte legen und bei mittlerer Hitze von beiden Seiten knusprig rösten.

Auf die unteren Brötchenhälften je ein Salatblatt legen. Darauf erst das Cashewmus verteilen und dann je einen Gemüse Patty darauflegen. Jeweils 4 Gurkenscheiben dazugeben und das Ganze mit Parmesan bestreuen. Wer mag, kann noch ein paar Röstzwiebeln hinzufügen. Ansonsten einfach nur die oberen Brötchendeckel auflegen und sofort genießen.

5. GOURMET-BURGER MIT HALLOUMI

Vorbereitungszeit: 2 Stunden 5 Minuten | Zubereitungszeit: 10 Minuten | Schwierigkeitsgrad: leicht

Zutaten:
1 rote Zwiebel
½ Rosmarinzweig
½ Salbei-Stiel
½ Knoblauchzehe
200 g Halloumi
2 EL Olivenöl
165 g geröstete Paprika aus dem Glas
1 Handvoll Rucola
2 Burger-Brötchen
4 TL grünes Pesto

Zubereitung:

Die Zwiebel schälen und in kleine Stücke schneiden. Den Rosmarinzweig waschen und die Nadeln kleinhacken. Den Salbei waschen und die Blättchen abstreifen. Die Knoblauchzehe schälen und grob hacken.

Die Zwiebelstücke, die Kräuter, den Knoblauch und das Olivenöl in eine Schüssel geben und den Halloumi hineinlegen. Abdecken und etwa 2 Stunden ziehen lassen.

Geröstete Paprika aus dem Glas abtropfen lassen und kleinschneiden. Rucola waschen und trocknen.

Den eingelegten Halloumi in eine Grillpfanne bzw. auf dem Grill legen und bei starker Hitze je Seite ca. 2-3 Minuten grillen. Dann die Marinade noch kurz dazugeben.

Die Burger-Brötchen halbieren und 1-2 Minuten auf dem heißen Grill anrösten. Dann die untere Hälfte mit Pesto bestreichen und mit Paprika belegen. Darauf den heißen Halloumi platzieren und mit Rucola und Zwiebeln verfeinern. Zum Schluss mit der oberen Brötchenhälfte abdecken.

6. ORIENTAL BURGER MIT FALAFEL

Vorbereitungszeit: 20 Minuten | Zubereitungszeit: 10 Minuten | Schwierigkeitsgrad: leicht

Zutaten:
2 weiche Sesambrötchen
2 Salatblätter
½ Salatgurke
1 Tomate
1 EL Naturjoghurt
1 TL Zitronensaft

75 g Kichererbsen aus der Dose
75 g weiße Bohnen aus der Dose
1 ½ Knoblauchzehen
½ TL gemahlener Kreuzkümmel
1 ½ EL Dinkelmehl
frische Kräuter nach Wahl
Salz und Pfeffer

Zubereitung:

Die Kichererbsen und Bohnen fein pürieren. Die Knoblauchzehen und frischen Kräuter kleinhacken. Zusammen mit dem Dinkelmehl und Kreuzkümmel unter die Kichererbsen-Bohnen-Masse mischen. Mit Salz und Pfeffer würzen. Kleine Bällchen daraus formen.

Die Falafel-Bällchen etwas plattdrücken und auf den nicht allzu heißen Grill legen. Bei direkter Hitze je Seite etwa 4 Minuten rösten.

Zwischendurch die Salatgurke und die Tomaten in Scheiben schneiden. Dann den Joghurt mit dem Zitronensaft verrühren. Die Sesambrötchen aufschneiden und kurz auf dem Grill anrösten. Anschließend mit Salat, Gurken- und Tomatenscheiben belegen. Darauf die Falafel-Bällchen platzieren. Zum Schluss den Zitronenjoghurt darauf verteilen und den Brötchendeckel auflegen.

7. PIKANTER BURGER AUS KICHERERBSEN UND BULGUR

Vorbereitungszeit: 35-40 Minuten | Zubereitungszeit: 30 Minuten | Schwierigkeitsgrad: mittel

Zutaten:

- 50 g Bulgur
- 170 g Kichererbsen (aus der Dose)
- ½ Handvoll Blattsalat (z. B. Rucola o. Lollo Rosso)
- 4 Kirschtomaten
- ½ rote Zwiebel
- ¼ Bund Petersilie
- 1 weiße Zwiebel
- 1 Knoblauchzehe
- Salz und Pfeffer
- Kreuzkümmel
- Chilipulver
- 1 EL Dinkelmehl
- ½ TL Backpulver
- 25 g Paniermehl
- ¼ rote Paprika
- 1 ½ Koriander-Stiele
- 1 Ei
- 2 Vollkornbrötchen
- 1 TL Butter

Zubereitung:

Den Bulgur in ein Sieb geben und gut abspülen. Dann mit der zweifachen Menge Wasser in einen Topf geben und zum Kochen bringen. Anschließend die Hitze reduzieren und den Bulgur etwa 20 Minuten bei geschlossenem Deckel köcheln lassen.

Die Kichererbsen ebenfalls in ein Sieb geben, mit Wasser abspülen und gut abtropfen lassen.

Derweil den Salat waschen und trocken tupfen. Die Kirschtomaten waschen und halbieren. Die rote Zwiebel schälen und in dünne Ringe schneiden.

Die Petersilie waschen und grob hacken. Die weiße Zwiebel und die Knoblauchzehe schälen und auch grob hacken.

Nun den gekochten Bulgur, die Kichererbsen, die weiße Zwiebel, den Knoblauch und die Petersilie in ein hohes Gefäß geben und mit einem Stabmixer pürieren. Anschließend die Masse noch mit Salz, Pfeffer, Kreuzkümmel und Chilipulver würzen.

Als Nächstes das Dinkelmehl, Paniermehl und Backpulver in einer Schüssel vermengen und mit der Masse aus Bulgur und Kichererbsen zu einem festen Teig verarbeiten.

Das Viertel rote Paprika sehr klein würfeln, und den Koriander fein hacken. Die Paprikawürfel, den Koriander und das Ei unter die Bulgur-Kichererbsen-Masse mischen und passend abschmecken.

2 große Burger daraus formen und auf dem vorgeheizten Grill etwa 15 Minuten je Seite goldbraun grillen. Zwischendurch die Burger wenden.

Die Vollkornbrötchen in zwei Hälften schneiden. Die Butter in einer Grillpfanne erhitzen und die Schnittflächen der Brötchenhälften darin leicht anrösten.

Je 2 Brötchenhälften auf 2 Tellern platzieren. Eine Hälfte mit den Salatblättern belegen und mit etwas Salz und Pfeffer würzen. Auf die andere Hälfte je 4 Tomatenhälften und ein paar Zwiebelringe legen. Fehlt nur noch der Burger. Dieser kommt direkt vom Grill auf die erste Brötchenhälfte.

SAUCEN & DIPS

Bitte beachten Sie, dass die Saucen und Dips nicht immer für zwei Personen ausgerichtet sind. Sie können diese jedoch problemlos mindestens eine Woche gut verschlossen im Kühlschrank lagern.

1. ROTE BETE SALSA

Zubereitungszeit: 30 Minuten

Zutaten:
450 g vorgekochte Rote Bete
230 ml Apfelweinessig
100 g brauner Zucker
1 große Zwiebel
½ TL Salz
¼ TL gemahlener Koriander
¼ TL Nelkenpulver
etwas schwarzer Pfeffer

Zubereitung:

Die Zwiebel schälen und fein würfeln. Die Rote Bete grob würfeln. Zwiebel, Rote Bete, Apfelweinessig und Zucker in einen Topf geben. Aufkochen lassen. Danach bei reduzierter Hitze etwa 25 Minuten köcheln lassen, bis die Rote Bete weich geworden ist.

Topf vom Herd nehmen und alles pürieren. Zum Schluss mit Salz, Pfeffer, Koriander und Nelkenpulver würzen.

2. FRUCHTIG-WÜRZIGE BLAUBEER-SAUCE

Zubereitungszeit: 50 Minuten

Zutaten:

- 1 EL Rapsöl
- 1 rote Zwiebel
- 1 Schalotte
- 2 Knoblauchzehen
- 450 g Blaubeeren
- 1 Apfel
- 1 EL frischer, geriebener Ingwer
- 3 EL Worcestershire Sauce
- 120 ml Espresso
- 240 ml Apfelsaft
- 120 g Ketchup
- 50 g brauner Zucker
- 3 EL Honig
- 5 EL dunkler Balsamico
- ½ TL Pfeffer
- ½ TL Salz
- ¼ TL Kreuzkümmel
- ½ TL Zimt
- ½ TL Rauchpaprika Pulver

Zubereitung:

Die Zwiebel und Schalotte schälen und klein würfeln, den Knoblauch schälen und kleinhacken. Alle drei Zutaten in etwas Öl glasig dünsten.

Den Apfel schälen und würfeln. Zusammen mit den übrigen Zutaten zu der Zwiebel-Knoblauch-Mischung geben und gut vermengen. Bei mittlerer Hitze etwa 45 Minuten köcheln lassen. Zwischendurch umrühren. Abkühlen lassen.

3. PIKANTE ANANAS-SAUCE

Zubereitungszeit: 2 Std. 20 Min.

Zutaten:

- 1 kg Tomaten
- 2 ½ rote Zwiebeln
- 1 Stück Ingwer
- ½ Knoblauchzehe
- ¼ Ananas
- ½ rote Chilischote
- 50 g Tomatenmark
- 20 ml Worcestershire Sauce
- 10 ml Balsamico
- 1 EL Honig
- ½ Zimtstange
- 2 Nelken
- 3 g Pimentkörner
- 5 grüne Pfefferkörner
- 5 g Bockshornklee
- 1 ½ EL Preiselbeergelee
- 200 ml Wasser
- Salz, Pfeffer, Currypulver

Zubereitung:

Zwiebeln, Knoblauch, Ingwer und Ananas schälen und würfeln. Die Chilischote kleinschneiden. Die Tomaten in Viertel schneiden und Kerne herauslösen.

Die Gewürze in einen Topf geben und kurz anrösten. Etwas Öl, Zwiebeln, Chili, Ingwer, Ananas und Knoblauch dazugeben und ebenfalls anrösten. Das Tomatenmark einrühren.

Dann die Tomatenstücke hinzufügen. Das Ganze bei starker Hitze aufkochen. Hitze reduzieren und die Sauce 60 Minuten köcheln lassen. Anschließend pürieren und in einen kleineren Topf passieren. Die Sauce bei mittlerer Hitze noch einmal 30 Minuten einkochen. Danach Honig, Essig, Worcestershire Sauce und Preiselbeergelee einrühren. Zum Schluss mit Salz, Pfeffer und Curry würzen.

4. ASIA KNOBLAUCHSAUCE

Zubereitungszeit: 15 Minuten

Zutaten:
10 EL Sojasauce
4 EL Balsamico Essig
1 TL Agavendicksaft
6 Knoblauchzehen
½ TL Speisestärke
1 EL Butter

Zubereitung:

Zunächst die Knoblauchzehen schälen, kleinhacken und in einen Topf geben. Dann Sojasauce, Essig, Agavendicksaft, Speisestärke und Butter dazugeben und kurz aufkochen lassen. Fertig!

5. ERDNUSS-FRISCHKÄSE-DIP

Zubereitungszeit: 10 Minuten

Zutaten:
1 EL Erdnussbutter
100 g Frischkäse
1 EL Orangensaft
Salz und Pfeffer
½ EL heller Essig
etwas frische Petersilie
1 Kirschtomate

Zubereitung:

Die Erdnussbutter, den Frischkäse und den Orangensaft verrühren. Mit Salz, Pfeffer und Essig würzen.

Die Petersilie waschen und fein hacken. Die Kirschtomate waschen, vierteln und mit der Petersilie vermengen. Etwas Essig, Salz und Pfeffer dazugeben. Dann auf dem Erdnuss-Frischkäse-Dip verteilen.

NACHWORT

Und jetzt ist es endlich soweit: Wir wünschen Ihnen viel Spaß beim Ausprobieren der leckeren Rezepte! Wir hoffen, dass Sie viele tolle Geschmackshighlights mit unseren Rezepten erleben werden und auch auf der ein oder anderen Grillparty mit unseren Tipps und Tricks punkten können.

Gerne möchten wir an dieser Stelle noch einmal betonen, dass uns der Nachhaltigkeitsfaktor so sehr am Herzen liegt, dass wir uns in diesem Buch bewusst gegen einen umweltschädlichen Farbdruck mit Bildern entschieden haben. Wir hoffen auf Ihr Verständnis und würden uns sehr freuen, wenn Sie nicht nur unsere Rezepte ausprobieren, sondern auch unsere Nachhaltigkeitstipps berücksichtigen.

Falls Ihnen unser Buch genauso gut gefällt wie uns, würden wir uns über positive Empfehlungen oder Rezensionen von Ihnen sehr freuen.

Anmerkungen, Anregungen oder Tipps zu unserem Buch sind uns wichtig, um weiterhin nicht nur gute, sondern auch auf dem Leser abgestimmte Bücher zu veröffentlichen. Darum kontaktieren Sie uns gerne unter folgender E-Mail-Adresse: **KF.Verlag@gmail.com.**

ISBN 978-3-7541-1236-6

www.epubli.de